핵심성구
1000

창세기부터 요한계시록까지

–

핵심성구
1000

개역개정 · NIV

아가페

"너희가 거듭난 것은 썩어질 씨로 된 것이 아니요
썩지 아니할 씨로 된 것이니
살아 있고 항상 있는 하나님의 말씀으로 되었느니라"

– 벧전 1:23 –

Contents

구약

신약

창세기

001 태초에 하나님이 천지를 창조하시니라 _창 1:1

002 하나님이 이르시되 우리의 형상을 따라 우리의 모양 대로 우리가 사람을 만들고 그들로 바다의 물고기와 하늘 의 새와 가축과 온 땅과 땅에 기는 모든 것을 다스리게 하 자 하시고 _창 1:26

003 하나님이 그들에게 복을 주시며 하나님이 그들에게 이르시되 생육하고 번성하여 땅에 충만하라, 땅을 정복하 라, 바다의 물고기와 하늘의 새와 땅에 움직이는 모든 생 물을 다스리라 하시니라 _창 1:28

004 하나님이 그 일곱째 날을 복되게 하사 거룩하게 하셨 으니 이는 하나님이 그 창조하시며 만드시던 모든 일을 마 치시고 그날에 안식하셨음이니라 _창 2:3

Genesis

001 In the beginning God created the heavens and the earth. _Ge 1:1

002 Then God said, "Let us make mankind in our image, in our likeness, so that they may rule over the fish in the sea and the birds in the sky, over the livestock and all the wild animals, and over all the creatures that move along the ground." _Ge 1:26

003 God blessed them and said to them, "Be fruitful and increase in number; fill the earth and subdue it. Rule over the fish in the sea and the birds in the sky and over every living creature that moves on the ground." _Ge 1:28

004 Then God blessed the seventh day and made it holy, because on it he rested from all the work of creating that he had done. _Ge 2:3

005 여호와 하나님이 땅의 흙으로 사람을 지으시고 생기를 그 코에 불어넣으시니 사람이 생령이 되니라 _창 2:7

006 이러므로 남자가 부모를 떠나 그의 아내와 합하여 둘이 한 몸을 이룰지로다 _창 2:24

007 남자와 여자를 창조하셨고 그들이 창조되던 날에 하나님이 그들에게 복을 주시고 그들의 이름을 사람이라 일컬으셨더라 _창 5:2

008 무지개가 구름 사이에 있으리니 내가 보고 나 하나님과 모든 육체를 가진 땅의 모든 생물 사이의 영원한 언약을 기억하리라 _창 9:16

009 여호와께서 아브람에게 이르시되 너는 너의 고향과 친척과 아버지의 집을 떠나 내가 네게 보여줄 땅으로 가라 _창 12:1

005 Then the LORD God formed a man from the dust of the ground and breathed into his nostrils the breath of life, and the man became a living being. _Ge 2:7

006 That is why a man leaves his father and mother and is united to his wife, and they become one flesh. _Ge 2:24

007 He created them male and female and blessed them. And he named them "Mankind" when they were created. _Ge 5:2

008 Whenever the rainbow appears in the clouds, I will see it and remember the everlasting covenant between God and all living creatures of every kind on the earth. _Ge 9:16

009 The LORD had said to Abram, Go from your country, your people and your father's household to the land I will show you. _Ge 12:1

010 내가 너로 큰 민족을 이루고 네게 복을 주어 네 이름을 창대하게 하리니 너는 복이 될지라 _창 12:2

011 이후에 여호와의 말씀이 환상 중에 아브람에게 임하여 이르시되 아브람아 두려워하지 말라 나는 네 방패요 너의 지극히 큰 상급이니라 _창 15:1

012 네 자손을 하늘의 별과 같이 번성하게 하며 이 모든 땅을 네 자손에게 주리니 네 자손으로 말미암아 천하 만민이 복을 받으리라 _창 26:4

013 내가 너와 함께 있어 네가 어디로 가든지 너를 지키며 너를 이끌어 이 땅으로 돌아오게 할지라 내가 네게 허락한 것을 다 이루기까지 너를 떠나지 아니하리라 하신지라 _창 28:15

014 그가 이르되 네 이름을 다시는 야곱이라 부를 것이 아니요 이스라엘이라 부를 것이니 이는 네가 하나님과 및 사람들과 겨루어 이겼음이니라 _창 32:28

010 I will make you into a great nation, and I will bless you; I will make your name great, and you will be a blessing. _Ge 12:2

011 After this, the word of the LORD came to Abram in a vision: "Do not be afraid, Abram. I am your shield, your very great reward." _Ge 15:1

012 I will make your descendants as numerous as the stars in the sky and will give them all these lands, and through your offspring all nations on earth will be blessed. _Ge 26:4

013 I am with you and will watch over you wherever you go, and I will bring you back to this land. I will not leave you until I have done what I have promised you. _Ge 28:15

014 Then the man said, "Your name will no longer be Jacob, but Israel, because you have struggled with God and with humans and have overcome." _Ge 32:28

015 우리가 일어나 벧엘로 올라가자 내 환난 날에 내게 응답하시며 내가 가는 길에서 나와 함께하신 하나님께 내가 거기서 제단을 쌓으려 하노라 하매 _창 35:3

016 이 집에는 나보다 큰 이가 없으며 주인이 아무것도 내게 금하지 아니하였어도 금한 것은 당신뿐이니 당신은 그의 아내임이라 그런즉 내가 어찌 이 큰 악을 행하여 하나님께 죄를 지으리이까 _창 39:9

017 그런즉 나를 이리로 보낸 이는 당신들이 아니요 하나님이시라 하나님이 나를 바로에게 아버지로 삼으시고 그 온 집의 주로 삼으시며 애굽 온 땅의 통치자로 삼으셨나이다 _창 45:8

018 당신들은 나를 해하려 하였으나 하나님은 그것을 선으로 바꾸사 오늘과 같이 많은 백성의 생명을 구원하게 하시려 하셨나니 _창 50:20

015 Then come, let us go up to Bethel, where I will build an altar to God, who answered me in the day of my distress and who has been with me wherever I have gone. _Ge 35:3

016 No one is greater in this house than I am. My master has withheld nothing from me except you, because you are his wife. How then could I do such a wicked thing and sin against God? _Ge 39:9

017 So then, it was not you who sent me here, but God. He made me father to Pharaoh, lord of his entire household and ruler of all Egypt. _Ge 45:8

018 You intended to harm me, but God intended it for good to accomplish what is now being done, the saving of many lives. _Ge 50:20

출애굽기

019 하나님이 모세에게 이르시되 나는 스스로 있는 자이니라 또 이르시되 너는 이스라엘 자손에게 이같이 이르기를 스스로 있는 자가 나를 너희에게 보내셨다 하라 _출 3:14

020 여호와께서 그에게 이르시되 누가 사람의 입을 지었느냐 누가 말 못 하는 자나 못 듣는 자나 눈 밝은 자나 맹인이 되게 하였느냐 나 여호와가 아니냐 _출 4:11

021 내가 애굽 땅을 칠 때에 그 피가 너희가 사는 집에 있어서 너희를 위하여 표적이 될지라 내가 피를 볼 때에 너희를 넘어가니 재앙이 너희에게 내려 멸하지 아니하리라 _출 12:13

022 여호와께서 그들 앞에서 가시며 낮에는 구름 기둥으로 그들의 길을 인도하시고 밤에는 불 기둥을 그들에게 비추사 낮이나 밤이나 진행하게 하시니 _출 13:21

Exodus

019 God said to Moses, "I AM WHO I AM. This is what you are to say to the Israelites: 'I AM has sent me to you.'" _Ex 3:14

020 The LORD said to him, "Who gave human beings their mouths? Who makes them deaf or mute? Who gives them sight or makes them blind? Is it not I, the LORD?" _Ex 4:11

021 The blood will be a sign for you on the houses where you are, and when I see the blood, I will pass over you. No destructive plague will touch you when I strike Egypt. _Ex 12:13

022 By day the LORD went ahead of them in a pillar of cloud to guide them on their way and by night in a pillar of fire to give them light, so that they could travel by day or night. _Ex 13:21

023 모세가 백성에게 이르되 너희는 두려워하지 말고 가만히 서서 여호와께서 오늘 너희를 위하여 행하시는 구원을 보라 너희가 오늘 본 애굽 사람을 영원히 다시 보지 아니하리라 _출 14:13

024 너희가 내게 대하여 제사장 나라가 되며 거룩한 백성이 되리라 너는 이 말을 이스라엘 자손에게 전할지니라 _출 19:6

025 나는 너를 애굽 땅, 종 되었던 집에서 인도하여 낸 네 하나님 여호와니라 _출 20:2

026 너는 나 외에는 다른 신들을 네게 두지 말라 _출 20:3

027 너는 네 하나님 여호와의 이름을 망령되게 부르지 말라 여호와는 그의 이름을 망령되게 부르는 자를 죄 없다 하지 아니하리라 _출 20:7

028 안식일을 기억하여 거룩하게 지키라 _출 20:8

029 이는 엿새 동안에 나 여호와가 하늘과 땅과 바다와 그 가운데 모든 것을 만들고 일곱째 날에 쉬었음이라 그러므로 나 여호와가 안식일을 복되게 하여 그날을 거룩하게 하였느니라 _출 20:11

023 Moses answered the people, "Do not be afraid. Stand firm and you will see the deliverance the LORD will bring you today. The Egyptians you see today you will never see again." _Ex 14:13

024 'You will be for me a kingdom of priests and a holy nation.' These are the words you are to speak to the Israelites. _Ex 19:6

025 I am the LORD your God, who brought you out of Egypt, out of the land of slavery. _Ex 20:2

026 You shall have no other gods before me. _Ex 20:3

027 You shall not misuse the name of the LORD your God, for the LORD will not hold anyone guiltless who misuses his name. _Ex 20:7

028 Remember the Sabbath day by keeping it holy. _Ex 20:8

029 For in six days the LORD made the heavens and the earth, the sea, and all that is in them, but he rested on the seventh day. Therefore the LORD blessed the Sabbath day and made it holy. _Ex 20:11

030 네 부모를 공경하라 그리하면 네 하나님 여호와가 네게 준 땅에서 네 생명이 길리라 _출 20:12

031 모세가 백성에게 이르되 두려워하지 말라 하나님이 임하심은 너희를 시험하고 너희로 경외하여 범죄하지 않게 하려 하심이니라 _출 20:20

032 너는 이방 나그네를 압제하지 말며 그들을 학대하지 말라 너희도 애굽 땅에서 나그네였음이라 _출 22:21

033 네가 만일 너를 미워하는 자의 나귀가 짐을 싣고 엎드러짐을 보거든 그것을 버려두지 말고 그것을 도와 그 짐을 부릴지니라 _출 23:5

034 거짓 일을 멀리하며 무죄한 자와 의로운 자를 죽이지 말라 나는 악인을 의롭다 하지 아니하겠노라 _출 23:7

035 나와 주의 백성이 주의 목전에 은총 입은 줄을 무엇으로 알리이까 주께서 우리와 함께 행하심으로 나와 주의 백성을 천하 만민 중에 구별하심이 아니니이까 _출 33:16

030 Honor your father and your mother, so that you may live long in the land the LORD your God is giving you. _Ex 20:12

031 Moses said to the people, "Do not be afraid. God has come to test you, so that the fear of God will be with you to keep you from sinning." _Ex 20:20

032 Do not mistreat or oppress a foreigner, for you were foreigners in Egypt. _Ex 22:21

033 If you see the donkey of someone who hates you fallen down under its load, do not leave it there; be sure you help them with it. _Ex 23:5

034 Have nothing to do with a false charge and do not put an innocent or honest person to death, for I will not acquit the guilty. _Ex 23:7

035 How will anyone know that you are pleased with me and with your people unless you go with us? What else will distinguish me and your people from all the other people on the face of the earth? _Ex 33:16

036 여호와께서 이르시되 내가 내 모든 선한 것을 네 앞으로 지나가게 하고 여호와의 이름을 네 앞에 선포하리라 나는 은혜 베풀 자에게 은혜를 베풀고 긍휼히 여길 자에게 긍휼을 베푸느니라 _출 33:19

037 여호와께서 그의 앞으로 지나시며 선포하시되 여호와라 여호와라 자비롭고 은혜롭고 노하기를 더디 하고 인자와 진실이 많은 하나님이라 _출 34:6

038 인자를 천 대까지 베풀며 악과 과실과 죄를 용서하리라 그러나 벌을 면제하지는 아니하고 아버지의 악행을 자손 삼사 대까지 보응하리라 _출 34:7

036 And the LORD said, "I will cause all my goodness to pass in front of you, and I will proclaim my name, the LORD, in your presence. I will have mercy on whom I will have mercy, and I will have compassion on whom I will have compassion." _Ex 33:19

037 And he passed in front of Moses, proclaiming, "The LORD, the LORD, the compassionate and gracious God, slow to anger, abounding in love and faithfulness." _Ex 34:6

038 Maintaining love to thousands, and forgiving wickedness, rebellion and sin. Yet he does not leave the guilty unpunished; he punishes the children and their children for the sin of the parents to the third and fourth generation. _Ex 34:7

레위기

039 나는 너희의 하나님이 되려고 너희를 애굽 땅에서 인도하여 낸 여호와라 내가 거룩하니 너희도 거룩할지어다
_레 11:45

040 이날에 너희를 위하여 속죄하여 너희를 정결하게 하리니 너희의 모든 죄에서 너희가 여호와 앞에 정결하리라
_레 16:30

041 육체의 생명은 피에 있음이라 내가 이 피를 너희에게 주어 제단에 뿌려 너희의 생명을 위하여 속죄하게 하였나니 생명이 피에 있으므로 피가 죄를 속하느니라 _레 17:11

042 너희는 내 규례와 법도를 지키라 사람이 이를 행하면 그로 말미암아 살리라 나는 여호와이니라 _레 18:5

Leviticus

039 I am the LORD, who brought you up out of Egypt to be your God; therefore be holy, because I am holy. _Lev 11:45

040 Because on this day atonement will be made for you, to cleanse you. Then, before the LORD, you will be clean from all your sins. _Lev 16:30

041 For the life of a creature is in the blood, and I have given it to you to make atonement for yourselves on the altar; it is the blood that makes atonement for one's life. _Lev 17:11

042 Keep my decrees and laws, for the person who obeys them will live by them. I am the LORD.

_Lev 18:5

043 그러므로 너희는 내 명령을 지키고 너희가 들어가기 전에 행하던 가증한 풍속을 하나라도 따름으로 스스로 더럽히지 말라 나는 너희의 하나님 여호와이니라 _레 18:30

044 너는 이스라엘 자손의 온 회중에게 말하여 이르라 너희는 거룩하라 이는 나 여호와 너희 하나님이 거룩함이니라 _레 19:2

045 너희는 헛된 것들에게로 향하지 말며 너희를 위하여 신상들을 부어 만들지 말라 나는 너희의 하나님 여호와이니라 _레 19:4

046 원수를 갚지 말며 동포를 원망하지 말며 네 이웃 사랑하기를 네 자신과 같이 사랑하라 나는 여호와이니라 _레 19:18

047 너는 센 머리 앞에서 일어서고 노인의 얼굴을 공경하며 네 하나님을 경외하라 나는 여호와이니라 _레 19:32

048 너희는 나에게 거룩할지어다 이는 나 여호와가 거룩하고 내가 또 너희를 나의 소유로 삼으려고 너희를 만민 중에서 구별하였음이니라 _레 20:26

043 Keep my requirements and do not follow any of the detestable customs that were practiced before you came and do not defile yourselves with them. I am the LORD your God. _Lev 18:30

044 Speak to the entire assembly of Israel and say to them: 'Be holy because I, the LORD your God, am holy.' _Lev 19:2

045 Do not turn to idols or make metal gods for yourselves. I am the LORD your God. _Lev 19:4

046 Do not seek revenge or bear a grudge against anyone among your people, but love your neighbor as yourself. I am the LORD. _Lev 19:18

047 Stand up in the presence of the aged, show respect for the elderly and revere your God. I am the LORD. _Lev 19:32

048 You are to be holy to me because I, the LORD, am holy, and I have set you apart from the nations to be my own. _Lev 20:26

049　그들에게 이르라 누구든지 네 자손 중에 대대로 그의 몸이 부정하면서도 이스라엘 자손이 구별하여 여호와께 드리는 성물에 가까이 하는 자는 내 앞에서 끊어지리라 나는 여호와이니라 _레 22:3

050　너희는 내 성호를 속되게 하지 말라 나는 이스라엘 자손 중에서 거룩하게 함을 받을 것이니라 나는 너희를 거룩하게 하는 여호와요 _레 22:32

051　토지를 영구히 팔지 말 것은 토지는 다 내 것임이니라 너희는 거류민이요 동거하는 자로서 나와 함께 있느니라 _레 25:23

052　그런즉 그들이 그들의 원수들의 땅에 있을 때에 내가 그들을 내버리지 아니하며 미워하지 아니하며 아주 멸하지 아니하고 그들과 맺은 내 언약을 폐하지 아니하리니 나는 여호와 그들의 하나님이 됨이니라 _레 26:44

049 Say to them: 'For the generations to come, if any of your descendants is ceremonially unclean and yet comes near the sacred offerings that the Israelites consecrate to the LORD, that person must be cut off from my presence. I am the LORD.' _Lev 22:3

050 Do not profane my holy name, for I must be acknowledged as holy by the Israelites. I am the LORD, who made you holy. _Lev 22:32

051 The land must not be sold permanently, because the land is mine and you reside in my land as foreigners and strangers. _Lev 25:23

052 Yet in spite of this, when they are in the land of their enemies, I will not reject them or abhor them so as to destroy them completely, breaking my covenant with them. I am the LORD their God. _Lev 26:44

민수기

053 처음 태어난 자는 다 내 것임은 내가 애굽 땅에서 그 처음 태어난 자를 다 죽이던 날에 이스라엘의 처음 태어난 자는 사람이나 짐승을 다 거룩하게 구별하였음이니 그들은 내 것이 될 것이니라 나는 여호와이니라 _민 3:13

054 여호와는 그 얼굴을 네게로 향하여 드사 평강 주시기를 원하노라 할지니라 하라 _민 6:26

055 여호와께서 모세에게 이르시되 여호와의 손이 짧으냐 네가 이제 내 말이 네게 응하는 여부를 보리라 _민 11:23

056 모세가 그에게 이르되 네가 나를 두고 시기하느냐 여호와께서 그의 영을 그의 모든 백성에게 주사 다 선지자가 되게 하시기를 원하노라 _민 11:29

Numbers

053 For all the firstborn are mine. When I struck down all the firstborn in Egypt, I set apart for myself every firstborn in Israel, whether human or animal. They are to be mine. I am the LORD. _Nu 3:13

054 The LORD turn his face toward you and give you peace. _Nu 6:26

055 The LORD answered Moses, "Is the LORD's arm too short? Now you will see whether or not what I say will come true for you." _Nu 11:23

056 But Moses replied, "Are you jealous for my sake? I wish that all the LORD's people were prophets and that the LORD would put his Spirit on them!"

_Nu 11:29

057 이 사람 모세는 온유함이 지면의 모든 사람보다 더하더라 _민 12:3

058 여호와께서 우리를 기뻐하시면 우리를 그 땅으로 인도하여 들이시고 그 땅을 우리에게 주시리라 이는 과연 젖과 꿀이 흐르는 땅이니라 _민 14:8

059 다만 여호와를 거역하지는 말라 또 그 땅 백성을 두려워하지 말라 그들은 우리의 먹이라 그들의 보호자는 그들에게서 떠났고 여호와는 우리와 함께하시느니라 그들을 두려워하지 말라 하나 _민 14:9

060 구하옵나니 주의 인자의 광대하심을 따라 이 백성의 죄악을 사하시되 애굽에서부터 지금까지 이 백성을 사하신 것같이 사하시옵소서 _민 14:19

061 그리하여 너희가 내 모든 계명을 기억하고 행하면 너희의 하나님 앞에 거룩하리라 _민 15:40

062 여호와께서 또 아론에게 이르시되 너는 이스라엘 자손의 땅에 기업도 없겠고 그들 중에 아무 분깃도 없을 것이나 내가 이스라엘 자손 중에 네 분깃이요 네 기업이니라 _민 18:20

057 Now Moses was a very humble man, more humble than anyone else on the face of the earth. _Nu 12:3

058 If the LORD is pleased with us, he will lead us into that land, a land flowing with milk and honey, and will give it to us. _Nu 14:8

059 Only do not rebel against the LORD. And do not be afraid of the people of the land, because we will devour them. Their protection is gone, but the LORD is with us. Do not be afraid of them. _Nu 14:9

060 In accordance with your great love, forgive the sin of these people, just as you have pardoned them from the time they left Egypt until now. _Nu 14:19

061 Then you will remember to obey all my commands and will be consecrated to your God. _Nu 15:40

062 The LORD said to Aaron, "You will have no inheritance in their land, nor will you have any share among them; I am your share and your inheritance among the Israelites." _Nu 18:20

063 사람이 부정하고도 자신을 정결하게 하지 아니하면 여호와의 성소를 더럽힘이니 그러므로 회중 가운데에서 끊어질 것이니라 그는 정결하게 하는 물로 뿌림을 받지 아니하였은즉 부정하니라 _민 19:20

064 여호와께서 모세와 아론에게 이르시되 너희가 나를 믿지 아니하고 이스라엘 자손의 목전에서 내 거룩함을 나타내지 아니한 고로 너희는 이 회중을 내가 그들에게 준 땅으로 인도하여 들이지 못하리라 하시니라 _민 20:12

065 여호와께서 모세에게 이르시되 불뱀을 만들어 장대 위에 매달아라 물린 자마다 그것을 보면 살리라 _민 21:8

066 하나님이 저주하지 않으신 자를 내가 어찌 저주하며 여호와께서 꾸짖지 않으신 자를 내가 어찌 꾸짖으랴

_민 23:8

067 하나님은 사람이 아니시니 거짓말을 하지 않으시고 인생이 아니시니 후회가 없으시도다 어찌 그 말씀하신 바를 행하지 않으시며 하신 말씀을 실행하지 않으시랴

_민 23:19

063 But if those who are unclean do not purify themselves, they must be cut off from the community, because they have defiled the sanctuary of the LORD. The water of cleansing has not been sprinkled on them, and they are unclean. _Nu 19:20

064 But the LORD said to Moses and Aaron, "Because you did not trust in me enough to honor me as holy in the sight of the Israelites, you will not bring this community into the land I give them." _Nu 20:12

065 The LORD said to Moses, "Make a snake and put it up on a pole; anyone who is bitten can look at it and live." _Nu 21:8

066 How can I curse those whom God has not cursed? How can I denounce those whom the LORD has not denounced? _Nu 23:8

067 God is not human, that he should lie, not a human being, that he should change his mind. Does he speak and then not act? Does he promise and not fulfill? _Nu 23:19

068 내가 그를 보아도 이 때의 일이 아니며 내가 그를 바라보아도 가까운 일이 아니로다 한 별이 야곱에게서 나오며 한 규가 이스라엘에게서 일어나서 모압을 이쪽에서 저쪽까지 쳐서 무찌르고 또 셋의 자식들을 다 멸하리로다

_민 24:17

069 사람이 여호와께 서원하였거나 결심하고 서약하였으면 깨뜨리지 말고 그가 입으로 말한 대로 다 이행할 것이니라 _민 30:2

070 너희는 너희가 거주하는 땅을 더럽히지 말라 피는 땅을 더럽히나니 피 흘림을 받은 땅은 그 피를 흘리게 한 자의 피가 아니면 속함을 받을 수 없느니라 _민 35:33

068 I see him, but not now; I behold him, but not near. A star will come out of Jacob; a scepter will rise out of Israel. He will crush the foreheads of Moab, the skulls of all the people of Sheth. _Nu 24:17

069 When a man makes a vow to the LORD or takes an oath to obligate himself by a pledge, he must not break his word but must do everything he said.
_Nu 30:2

070 Do not pollute the land where you are. Bloodshed pollutes the land, and atonement cannot be made for the land on which blood has been shed, except by the blood of the one who shed it. _Nu 35:33

신명기

071 너희는 지켜 행하라 이것이 여러 민족 앞에서 너희의 지혜요 너희의 지식이라 그들이 이 모든 규례를 듣고 이르기를 이 큰 나라 사람은 과연 지혜와 지식이 있는 백성이로다 하리라 _신 4:6

072 우리 하나님 여호와께서 우리가 그에게 기도할 때마다 우리에게 가까이하심과 같이 그 신이 가까이함을 얻은 큰 나라가 어디 있느냐 _신 4:7

073 네 하나님 여호와는 소멸하는 불이시요 질투하시는 하나님이시니라 _신 4:24

074 너희 하나님 여호와께서 너희에게 명령하신 모든 도를 행하라 그리하면 너희가 살 것이요 복이 너희에게 있을 것이며 너희가 차지한 땅에서 너희의 날이 길리라 _신 5:33

Deuteronomy

071 Observe them carefully, for this will show your wisdom and understanding to the nations, who will hear about all these decrees and say, "Surely this great nation is a wise and understanding people." _Dt 4:6

072 What other nation is so great as to have their gods near them the way the LORD our God is near us whenever we pray to him? _Dt 4:7

073 For the LORD your God is a consuming fire, a jealous God. _Dt 4:24

074 Walk in obedience to all that the LORD your God has commanded you, so that you may live and prosper and prolong your days in the land that you will possess. _Dt 5:33

075 이스라엘아 들으라 우리 하나님 여호와는 오직 유일한 여호와이시니 _신 6:4

076 너는 마음을 다하고 뜻을 다하고 힘을 다하여 네 하나님 여호와를 사랑하라 _신 6:5

077 너는 여호와 네 하나님의 성민이라 네 하나님 여호와께서 지상 만민 중에서 너를 자기 기업의 백성으로 택하셨나니 _신 7:6

078 여호와께서 너희를 기뻐하시고 너희를 택하심은 너희가 다른 민족보다 수효가 많기 때문이 아니니라 너희는 오히려 모든 민족 중에 가장 적으니라 _신 7:7

079 네가 가서 그 땅을 차지함은 네 공의로 말미암음도 아니며 네 마음이 정직함으로 말미암음도 아니요 이 민족들이 악함으로 말미암아 네 하나님 여호와께서 그들을 네 앞에서 쫓아내심이라 여호와께서 이같이 하심은 네 조상 아브라함과 이삭과 야곱에게 하신 맹세를 이루려 하심이니라 _신 9:5

075 Hear, O Israel: The LORD our God, the LORD is one. _Dt 6:4

076 Love the LORD your God with all your heart and with all your soul and with all your strength. _Dt 6:5

077 For you are a people holy to the LORD your God. The LORD your God has chosen you out of all the peoples on the face of the earth to be his people, his treasured possession. _Dt 7:6

078 The LORD did not set his affection on you and choose you because you were more numerous than other peoples, for you were the fewest of all peoples. _Dt 7:7

079 It is not because of your righteousness or your integrity that you are going in to take possession of their land; but on account of the wickedness of these nations, the LORD your God will drive them out before you, to accomplish what he swore to your fathers, to Abraham, Isaac and Jacob. _Dt 9:5

080 내가 오늘 네 행복을 위하여 네게 명하는 여호와의 명령과 규례를 지킬 것이 아니냐 _신 10:13

081 네 하나님 여호와께서 너희 가운데 네 형제 중에서 너를 위하여 나와 같은 선지자 하나를 일으키시리니 너희는 그의 말을 들을지니라 _신 18:15

082 무죄한 자를 죽이려고 뇌물을 받는 자는 저주를 받을 것이라 할 것이요 모든 백성은 아멘 할지니라 _신 27:25

083 네가 네 하나님 여호와의 말씀을 삼가 듣고 내가 오늘 네게 명령하는 그의 모든 명령을 지켜 행하면 네 하나님 여호와께서 너를 세계 모든 민족 위에 뛰어나게 하실 것이라 _신 28:1

084 그런즉 너희는 이 언약의 말씀을 지켜 행하라 그리하면 너희가 하는 모든 일이 형통하리라 _신 29:9

085 오직 그 말씀이 네게 매우 가까워서 네 입에 있으며 네 마음에 있은즉 네가 이를 행할 수 있느니라 _신 30:14

086 보라 내가 오늘 생명과 복과 사망과 화를 네 앞에 두었나니 _신 30:15

080 And to observe the LORD's commands and decrees that I am giving you today for your own good? _Dt 10:13

081 The LORD your God will raise up for you a prophet like me from among you, from your fellow Israelites. You must listen to him. _Dt 18:15

082 "Cursed is anyone who accepts a bribe to kill an innocent person." Then all the people shall say, "Amen!" _Dt 27:25

083 If you fully obey the LORD your God and carefully follow all his commands I give you today, the LORD your God will set you high above all the nations on earth. _Dt 28:1

084 Carefully follow the terms of this covenant, so that you may prosper in everything you do. _Dt 29:9

085 No, the word is very near you; it is in your mouth and in your heart so you may obey it. _Dt 30:14

086 See, I set before you today life and prosperity, death and destruction. _Dt 30:15

087 곧 내가 오늘 네게 명령하여 네 하나님 여호와를 사랑하고 그 모든 길로 행하며 그의 명령과 규례와 법도를 지키라 하는 것이라 그리하면 네가 생존하며 번성할 것이요 또 네 하나님 여호와께서 네가 가서 차지할 땅에서 네게 복을 주실 것임이니라 _신 30:16

088 네 하나님 여호와를 사랑하고 그의 말씀을 청종하며 또 그를 의지하라 그는 네 생명이시요 네 장수이시니 여호와께서 네 조상 아브라함과 이삭과 야곱에게 주리라고 맹세하신 땅에 네가 거주하리라 _신 30:20

089 이제는 나 곧 내가 그인 줄 알라 나 외에는 신이 없도다 나는 죽이기도 하며 살리기도 하며 상하게도 하며 낫게도 하나니 내 손에서 능히 빼앗을 자가 없도다 _신 32:39

090 베냐민에 대하여는 일렀으되 여호와의 사랑을 입은 자는 그 곁에 안전히 살리로다 여호와께서 그를 날이 마치도록 보호하시고 그를 자기 어깨 사이에 있게 하시리로다 _신 33:12

091 영원하신 하나님이 네 처소가 되시니 그의 영원하신 팔이 네 아래에 있도다 그가 네 앞에서 대적을 쫓으시며 멸하라 하시도다 _신 33:27

087 For I command you today to love the LORD your God, to walk in obedience to him, and to keep his commands, decrees and laws; then you will live and increase, and the LORD your God will bless you in the land you are entering to possess. _Dt 30:16

088 And that you may love the LORD your God, listen to his voice, and hold fast to him. For the LORD is your life, and he will give you many years in the land he swore to give to your fathers, Abraham, Isaac and Jacob. _Dt 30:20

089 See now that I myself am he! There is no god besides me. I put to death and I bring to life, I have wounded and I will heal, and no one can deliver out of my hand. _Dt 32:39

090 About Benjamin he said: "Let the beloved of the LORD rest secure in him, for he shields him all day long, and the one the LORD loves rests between his shoulders." _Dt 33:12

091 The eternal God is your refuge, and underneath are the everlasting arms. He will drive out your enemies before you, saying, 'Destroy them!' _Dt 33:27

092 이스라엘이여 너는 행복한 사람이로다 여호와의 구원을 너같이 얻은 백성이 누구냐 그는 너를 돕는 방패시요 네 영광의 칼이시로다 네 대적이 네게 복종하리니 네가 그들의 높은 곳을 밟으리로다 _신 33:29

092 Blessed are you, Israel! Who is like you, a people saved by the LORD? He is your shield and helper and your glorious sword. Your enemies will cower before you, and you will tread on their heights. _Dt 33:29

여호수아

093 강하고 담대하라 너는 내가 그들의 조상에게 맹세하여 그들에게 주리라 한 땅을 이 백성에게 차지하게 하리라 _수 1:6

094 이 율법책을 네 입에서 떠나지 말게 하며 주야로 그것을 묵상하여 그 안에 기록된 대로 다 지켜 행하라 그리하면 네 길이 평탄하게 될 것이며 네가 형통하리라 _수 1:8

095 내가 네게 명령한 것이 아니냐 강하고 담대하라 두려워하지 말며 놀라지 말라 네가 어디로 가든지 네 하나님 여호와가 너와 함께하느니라 하시니라 _수 1:9

096 여호와께서 여호수아에게 이르시되 내가 오늘 애굽의 수치를 너희에게서 떠나가게 하였다 하셨으므로 그곳 이름을 오늘까지 길갈이라 하느니라 _수 5:9

Joshua

093 Be strong and courageous, because you will lead these people to inherit the land I swore to their ancestors to give them. _Jos 1:6

094 Keep this Book of the Law always on your lips; meditate on it day and night, so that you may be careful to do everything written in it. Then you will be prosperous and successful. _Jos 1:8

095 Have I not commanded you? Be strong and courageous. Do not be afraid; do not be discouraged, for the LORD your God will be with you wherever you go. _Jos 1:9

096 Then the LORD said to Joshua, "Today I have rolled away the reproach of Egypt from you." So the place has been called Gilgal to this day. _Jos 5:9

097   이와 같이 여호수아가 여호와께서 모세에게 말씀하신 대로 그 온 땅을 점령하여 이스라엘 지파의 구분에 따라 기업으로 주매 그 땅에 전쟁이 그쳤더라 _수 11:23

098   그날에 여호와께서 말씀하신 이 산지를 지금 내게 주소서 당신도 그날에 들으셨거니와 그곳에는 아낙 사람이 있고 그 성읍들은 크고 견고할지라도 여호와께서 나와 함께하시면 내가 여호와께서 말씀하신 대로 그들을 쫓아내리이다 하니 _수 14:12

099   여호와께서 이스라엘 족속에게 말씀하신 선한 말씀이 하나도 남음이 없이 다 응하였더라 _수 21:45

100   그러므로 너희는 크게 힘써 모세의 율법책에 기록된 것을 다 지켜 행하라 그것을 떠나 우로나 좌로나 치우치지 말라 _수 23:6

101   그러므로 스스로 조심하여 너희의 하나님 여호와를 사랑하라 _수 23:11

102   그러므로 이제는 여호와를 경외하며 온전함과 진실함으로 그를 섬기라 너희의 조상들이 강 저쪽과 애굽에서 섬기던 신들을 치워 버리고 여호와만 섬기라 _수 24:14

097 So Joshua took the entire land, just as the LORD had directed Moses, and he gave it as an inheritance to Israel according to their tribal divisions. Then the land had rest from war. _Jos 11:23

098 Now give me this hill country that the LORD promised me that day. You yourself heard then that the Anakites were there and their cities were large and fortified, but, the LORD helping me, I will drive them out just as he said. _Jos 14:12

099 Not one of all the LORD's good promises to Israel failed; every one was fulfilled. _Jos 21:45

100 Be very strong; be careful to obey all that is written in the Book of the Law of Moses, without turning aside to the right or to the left. _Jos 23:6

101 So be very careful to love the LORD your God. _Jos 23:11

102 Now fear the LORD and serve him with all faithfulness. Throw away the gods your ancestors worshiped beyond the Euphrates River and in Egypt, and serve the LORD. _Jos 24:14

103 만일 여호와를 섬기는 것이 너희에게 좋지 않게 보이거든 너희 조상들이 강 저쪽에서 섬기던 신들이든지 또는 너희가 거주하는 땅에 있는 아모리 족속의 신들이든지 너희가 섬길 자를 오늘 택하라 오직 나와 내 집은 여호와를 섬기겠노라 하니 _수 24:15

104 백성이 여호수아에게 말하되 우리 하나님 여호와를 우리가 섬기고 그의 목소리를 우리가 청종하리이다 하는지라 _수 24:24

103 But if serving the LORD seems undesirable to you, then choose for yourselves this day whom you will serve, whether the gods your ancestors served beyond the Euphrates, or the gods of the Amorites, in whose land you are living. But as for me and my household, we will serve the LORD. _Jos 24:15

104 And the people said to Joshua, "We will serve the LORD our God and obey him." _Jos 24:24

사사기

105 너희는 이 땅의 주민과 언약을 맺지 말며 그들의 제
단들을 헐라 하였거늘 너희가 내 목소리를 듣지 아니하였
으니 어찌하여 그리하였느냐 _삿 2:2

106 그러므로 내가 또 말하기를 내가 그들을 너희 앞에서
쫓아내지 아니하리니 그들이 너희 옆구리에 가시가 될 것
이며 그들의 신들이 너희에게 올무가 되리라 하였노라
_삿 2:3

107 여호와께서 그들을 위하여 사사들을 세우실 때에는
그 사사와 함께하셨고 그 사사가 사는 날 동안에는 여호와
께서 그들을 대적의 손에서 구원하셨으니 이는 그들이 대
적에게 압박과 괴롭게 함을 받아 슬피 부르짖으므로 여호
와께서 뜻을 돌이키셨음이거늘 _삿 2:18

Judges

105 And you shall not make a covenant with the people of this land, but you shall break down their altars. Yet you have disobeyed me. Why have you done this? _Jdg 2:2

106 And I have also said, 'I will not drive them out before you; they will become traps for you, and their gods will become snares to you.' _Jdg 2:3

107 Whenever the LORD raised up a judge for them, he was with the judge and saved them out of the hands of their enemies as long as the judge lived; for the LORD relented because of their groaning under those who oppressed and afflicted them. _Jdg 2:18

108 남겨두신 이 이방 민족들로 이스라엘을 시험하사 여호와께서 모세를 통하여 그들의 조상들에게 이르신 명령들을 순종하는지 알고자 하셨더라 _삿 3:4

109 기드온이 그들에게 이르되 내가 너희를 다스리지 아니하겠고 나의 아들도 너희를 다스리지 아니할 것이요 여호와께서 너희를 다스리시리라 하니라 _삿 8:23

110 그때에 이스라엘에 왕이 없으므로 사람이 각기 자기의 소견에 옳은 대로 행하였더라 _삿 21:25

108 They were left to test the Israelites to see whether they would obey the LORD's commands, which he had given their ancestors through Moses. _Jdg 3:4

109 But Gideon told them, "I will not rule over you, nor will my son rule over you. The LORD will rule over you." _Jdg 8:23

110 In those days Israel had no king; everyone did as they saw fit. _Jdg 21:25

룻기

111 룻이 이르되 내게 어머니를 떠나며 어머니를 따르지 말고 돌아가라 강권하지 마옵소서 어머니께서 가시는 곳에 나도 가고 어머니께서 머무시는 곳에서 나도 머물겠나이다 어머니의 백성이 나의 백성이 되고 어머니의 하나님이 나의 하나님이 되시리니 _룻 1:16

112 이는 네 생명의 회복자이며 네 노년의 봉양자라 곧 너를 사랑하며 일곱 아들보다 귀한 네 며느리가 낳은 자로다 하니라 _룻 4:15

113 그의 이웃 여인들이 그에게 이름을 지어주되 나오미에게 아들이 태어났다 하여 그의 이름을 오벳이라 하였는데 그는 다윗의 아버지인 이새의 아버지였더라 _룻 4:17

Ruth

111　But Ruth replied, "Don't urge me to leave you or to turn back from you. Where you go I will go, and where you stay I will stay. Your people will be my people and your God my God." _Ru 1:16

112　He will renew your life and sustain you in your old age. For your daughter-in-law, who loves you and who is better to you than seven sons, has given him birth. _Ru 4:15

113　The women living there said, "Naomi has a son!" And they named him Obed. He was the father of Jesse, the father of David. _Ru 4:17

사무엘상

114 이 아이를 위하여 내가 기도하였더니 내가 구하여 기도한 바를 여호와께서 내게 허락하신지라 _삼상 1:27

115 한나가 기도하여 이르되 내 마음이 여호와로 말미암아 즐거워하며 내 뿔이 여호와로 말미암아 높아졌으며 내 입이 내 원수들을 향하여 크게 열렸으니 이는 내가 주의 구원으로 말미암아 기뻐함이니이다 _삼상 2:1

116 여호와와 같이 거룩하신 이가 없으시니 이는 주밖에 다른 이가 없고 우리 하나님 같은 반석도 없으심이니이다 _삼상 2:2

117 심히 교만한 말을 다시 하지 말 것이며 오만한 말을 너희의 입에서 내지 말지어다 여호와는 지식의 하나님이시라 행동을 달아 보시느니라 _삼상 2:3

118 여호와는 죽이기도 하시고 살리기도 하시며 스올에 내리게도 하시고 거기에서 올리기도 하시는도다 _삼상 2:6

1 Samuel

114 I prayed for this child, and the LORD has granted me what I asked of him. _1Sa 1:27

115 Then Hannah prayed and said: "My heart rejoices in the LORD; in the LORD my horn is lifted high. My mouth boasts over my enemies, for I delight in your deliverance." _1Sa 2:1

116 There is no one holy like the LORD; there is no one besides you; there is no Rock like our God. _1Sa 2:2

117 Do not keep talking so proudly or let your mouth speak such arrogance, for the LORD is a God who knows, and by him deeds are weighed. _1Sa 2:3

118 The LORD brings death and makes alive; he brings down to the grave and raises up. _1Sa 2:6

119 여호와는 가난하게도 하시고 부하게도 하시며 낮추기도 하시고 높이기도 하시는도다 _삼상 2:7

120 여호와를 대적하는 자는 산산이 깨어질 것이라 하늘에서 우레로 그들을 치시리로다 여호와께서 땅끝까지 심판을 내리시고 자기 왕에게 힘을 주시며 자기의 기름부음을 받은 자의 뿔을 높이시리로다 하니라 _삼상 2:10

121 아이 사무엘이 점점 자라매 여호와와 사람들에게 은총을 더욱 받더라 _삼상 2:26

122 그러므로 이스라엘의 하나님 나 여호와가 말하노라 내가 전에 네 집과 네 조상의 집이 내 앞에 영원히 행하리라 하였으나 이제 나 여호와가 말하노니 결단코 그렇게 하지 아니하리라 나를 존중히 여기는 자를 내가 존중히 여기고 나를 멸시하는 자를 내가 경멸하리라 _삼상 2:30

123 내가 나를 위하여 충실한 제사장을 일으키리니 그 사람은 내 마음, 내 뜻대로 행할 것이라 내가 그를 위하여 견고한 집을 세우리니 그가 나의 기름부음을 받은 자 앞에서 영구히 행하리라 _삼상 2:35

119 The LORD sends poverty and wealth; he humbles and he exalts. _1Sa 2:7

120 Those who oppose the LORD will be broken. The Most High will thunder from heaven; the LORD will judge the ends of the earth. "He will give strength to his king and exalt the horn of his anointed." _1Sa 2:10

121 And the boy Samuel continued to grow in stature and in favor with the LORD and with people. _1Sa 2:26

122 Therefore the LORD, the God of Israel, declares: 'I promised that members of your family would minister before me forever.' But now the LORD declares: 'Far be it from me! Those who honor me I will honor, but those who despise me will be disdained.' _1Sa 2:30

123 I will raise up for myself a faithful priest, who will do according to what is in my heart and mind. I will firmly establish his priestly house, and they will minister before my anointed one always. _1Sa 2:35

124　여호와께서 임하여 서서 전과 같이 사무엘아 사무엘아 부르시는지라 사무엘이 이르되 말씀하옵소서 주의 종이 듣겠나이다 하니 _삼상 3:10

125　사무엘이 자라매 여호와께서 그와 함께 계셔서 그의 말이 하나도 땅에 떨어지지 않게 하시니 _삼상 3:19

126　그들이 미스바에 모여 물을 길어 여호와 앞에 붓고 그날 종일 금식하고 거기에서 이르되 우리가 여호와께 범죄하였나이다 하니라 사무엘이 미스바에서 이스라엘 자손을 다스리니라 _삼상 7:6

127　여호와께서는 너희를 자기 백성으로 삼으신 것을 기뻐하셨으므로 여호와께서는 그의 크신 이름을 위해서라도 자기 백성을 버리지 아니하실 것이요 _삼상 12:22

128　나는 너희를 위하여 기도하기를 쉬는 죄를 여호와 앞에 결단코 범하지 아니하고 선하고 의로운 길을 너희에게 가르칠 것인즉 _삼상 12:23

124 The LORD came and stood there, calling as at the other times, "Samuel! Samuel!" Then Samuel said, "Speak, for your servant is listening." _1Sa 3:10

125 The LORD was with Samuel as he grew up, and he let none of Samuel's words fall to the ground.

_1Sa 3:19

126 When they had assembled at Mizpah, they drew water and poured it out before the LORD. On that day they fasted and there they confessed, "We have sinned against the LORD." Now Samuel was serving as leader of Israel at Mizpah. _1Sa 7:6

127 For the sake of his great name the LORD will not reject his people, because the LORD was pleased to make you his own. _1Sa 12:22

128 As for me, far be it from me that I should sin against the LORD by failing to pray for you. And I will teach you the way that is good and right.

_1Sa 12:23

129 너희는 여호와께서 너희를 위하여 행하신 그 큰일을 생각하여 오직 그를 경외하며 너희의 마음을 다하여 진실히 섬기라 _삼상 12:24

130 사무엘이 이르되 여호와께서 번제와 다른 제사를 그의 목소리를 청종하는 것을 좋아하심같이 좋아하시겠나이까 순종이 제사보다 낫고 듣는 것이 숫양의 기름보다 나으니 _삼상 15:22

131 여호와께서 사무엘에게 이르시되 그의 용모와 키를 보지 말라 내가 이미 그를 버렸노라 내가 보는 것은 사람과 같지 아니하니 사람은 외모를 보거니와 나 여호와는 중심을 보느니라 하시더라 _삼상 16:7

132 다윗이 블레셋 사람에게 이르되 너는 칼과 창과 단창으로 내게 나아오거니와 나는 만군의 여호와의 이름 곧 네가 모욕하는 이스라엘 군대의 하나님의 이름으로 네게 나아가노라 _삼상 17:45

133 또 여호와의 구원하심이 칼과 창에 있지 아니함을 이 무리에게 알게 하리라 전쟁은 여호와께 속한 것인즉 그가 너희를 우리 손에 넘기시리라 _삼상 17:47

129 But be sure to fear the LORD and serve him faithfully with all your heart; consider what great things he has done for you. _1Sa 12:24

130 But Samuel replied: "Does the LORD delight in burnt offerings and sacrifices as much as in obeying the LORD? To obey is better than sacrifice, and to heed is better than the fat of rams." _1Sa 15:22

131 But the LORD said to Samuel, "Do not consider his appearance or his height, for I have rejected him. The LORD does not look at the things people look at. People look at the outward appearance, but the LORD looks at the heart." _1Sa 16:7

132 David said to the Philistine, "You come against me with sword and spear and javelin, but I come against you in the name of the LORD Almighty, the God of the armies of Israel, whom you have defied." _1Sa 17:45

133 All those gathered here will know that it is not by sword or spear that the LORD saves; for the battle is the LORD's, and he will give all of you into our hands. _1Sa 17:47

사무엘하

134 네 수한이 차서 네 조상들과 함께 누울 때에 내가 네 몸에서 날 네 씨를 네 뒤에 세워 그의 나라를 견고하게 하리라 _삼하 7:12

135 그는 내 이름을 위하여 집을 건축할 것이요 나는 그의 나라 왕위를 영원히 견고하게 하리라 _삼하 7:13

136 주 여호와여 주께서 이것을 오히려 적게 여기시고 또 종의 집에 있을 먼 장래의 일까지도 말씀하셨나이다 주 여호와여 이것이 사람의 법이니이다 _삼하 7:19

137 주 여호와여 오직 주는 하나님이시며 주의 말씀들이 참되시니이다 주께서 이 좋은 것을 주의 종에게 말씀하셨사오니 _삼하 7:28

2 Samuel

134 When your days are over and you rest with your ancestors, I will raise up your offspring to succeed you, your own flesh and blood, and I will establish his kingdom. _2Sa 7:12

135 He is the one who will build a house for my Name, and I will establish the throne of his kingdom forever. _2Sa 7:13

136 And as if this were not enough in your sight, Sovereign LORD, you have also spoken about the future of the house of your servant—and this decree, Sovereign LORD, is for a mere human! _2Sa 7:19

137 Sovereign LORD, you are God! Your covenant is trustworthy, and you have promised these good things to your servant. _2Sa 7:28

138 이제 청하건대 종의 집에 복을 주사 주 앞에 영원히 있게 하옵소서 주 여호와께서 말씀하셨사오니 주의 종의 집이 영원히 복을 받게 하옵소서 하니라 _삼하 7:29

139 이르되 여호와는 나의 반석이시요 나의 요새시요 나를 위하여 나를 건지시는 자시요 _삼하 22:2

140 내가 환난 중에서 여호와께 아뢰며 나의 하나님께 아뢰었더니 그가 그의 성전에서 내 소리를 들으심이여 나의 부르짖음이 그의 귀에 들렸도다 _삼하 22:7

141 그의 모든 법도를 내 앞에 두고 그의 규례를 버리지 아니하였음이로다 _삼하 22:23

142 그러므로 여호와께서 내 의대로, 그의 눈앞에서 내 깨끗한 대로 내게 갚으셨도다 _삼하 22:25

143 주께서 곤고한 백성은 구원하시고 교만한 자를 살피사 낮추시리이다 _삼하 22:28

144 여호와여 주는 나의 등불이시니 여호와께서 나의 어둠을 밝히시리이다 _삼하 22:29

138 Now be pleased to bless the house of your servant, that it may continue forever in your sight; for you, Sovereign LORD, have spoken, and with your blessing the house of your servant will be blessed forever. _2Sa 7:29

139 He said: "The LORD is my rock, my fortress and my deliverer." _2Sa 22:2

140 In my distress I called to the LORD; I called out to my God. From his temple he heard my voice; my cry came to his ears. _2Sa 22:7

141 All his laws are before me; I have not turned away from his decrees. _2Sa 22:23

142 The LORD has rewarded me according to my righteousness, according to my cleanness in his sight. _2Sa 22:25

143 You save the humble, but your eyes are on the haughty to bring them low. _2Sa 22:28

144 You, LORD, are my lamp; the LORD turns my darkness into light. _2Sa 22:29

145 하나님의 도는 완전하고 여호와의 말씀은 진실하니 그는 자기에게 피하는 모든 자에게 방패시로다 _삼하 22:31

146 주께서 또 주의 구원의 방패를 내게 주시며 주의 온유함이 나를 크게 하셨나이다 _삼하 22:36

147 내 집이 하나님 앞에 이같지 아니하냐 하나님이 나와 더불어 영원한 언약을 세우사 만사에 구비하고 견고하게 하셨으니 나의 모든 구원과 나의 모든 소원을 어찌 이루지 아니하시랴 _삼하 23:5

145 As for God, his way is perfect: The LORD's word is flawless; he shields all who take refuge in him.

_2Sa 22:31

146 You make your saving help my shield; your help has made me great. _2Sa 22:36

147 If my house were not right with God, surely he would not have made with me an everlasting covenant, arranged and secured in every part; surely he would not bring to fruition my salvation and grant me my every desire. _2Sa 23:5

열왕기상

148 네 하나님 여호와의 명령을 지켜 그 길로 행하여 그 법률과 계명과 율례와 증거를 모세의 율법에 기록된 대로 지키라 그리하면 네가 무엇을 하든지 어디로 가든지 형통할지라 _왕상 2:3

149 여호와께서 내 일에 대하여 말씀하시기를 만일 네 자손들이 그들의 길을 삼가 마음을 다하고 성품을 다하여 진실히 내 앞에서 행하면 이스라엘 왕위에 오를 사람이 네게서 끊어지지 아니하리라 하신 말씀을 확실히 이루게 하시리라 _왕상 2:4

150 누가 주의 이 많은 백성을 재판할 수 있사오리이까 듣는 마음을 종에게 주사 주의 백성을 재판하여 선악을 분별하게 하옵소서 _왕상 3:9

1 Kings

148 And observe what the LORD your God requires: Walk in obedience to him, and keep his decrees and commands, his laws and regulations, as written in the Law of Moses. Do this so that you may prosper in all you do and wherever you go. _1Ki 2:3

149 And that the LORD may keep his promise to me: 'If your descendants watch how they live, and if they walk faithfully before me with all their heart and soul, you will never fail to have a successor on the throne of Israel.' _1Ki 2:4

150 So give your servant a discerning heart to govern your people and to distinguish between right and wrong. For who is able to govern this great people of yours? _1Ki 3:9

151 이르되 이스라엘의 하나님 여호와여 위로 하늘과 아래로 땅에 주와 같은 신이 없나이다 주께서는 온 마음으로 주의 앞에서 행하는 종들에게 언약을 지키시고 은혜를 베푸시나이다 _왕상 8:23

152 하나님이 참으로 땅에 거하시리이까 하늘과 하늘들의 하늘이라도 주를 용납하지 못하겠거든 하물며 내가 건축한 이 성전이오리이까 _왕상 8:27

153 주는 계신 곳 하늘에서 들으시고 사하시며 각 사람의 마음을 아시오니 그들의 모든 행위대로 행하사 갚으시옵소서 주만 홀로 사람의 마음을 다 아심이니이다 _왕상 8:39

154 원하건대 주는 눈을 들어 종의 간구함과 주의 백성 이스라엘의 간구함을 보시고 주께 부르짖는 대로 들으시옵소서 _왕상 8:52

155 여호와께서 솔로몬에게 말씀하시되 네게 이러한 일이 있었고 또 네가 내 언약과 내가 네게 명령한 법도를 지키지 아니하였으니 내가 반드시 이 나라를 네게서 빼앗아 네 신하에게 주리라 _왕상 11:11

151 And said: "LORD, the God of Israel, there is no God like you in heaven above or on earth below—you who keep your covenant of love with your servants who continue wholeheartedly in your way." _1Ki 8:23

152 But will God really dwell on earth? The heavens, even the highest heaven, cannot contain you. How much less this temple I have built! _1Ki 8:27

153 Then hear from heaven, your dwelling place. Forgive and act; deal with everyone according to all they do, since you know their hearts (for you alone know every human heart). _1Ki 8:39

154 May your eyes be open to your servant's plea and to the plea of your people Israel, and may you listen to them whenever they cry out to you. _1Ki 8:52

155 So the LORD said to Solomon, "Since this is your attitude and you have not kept my covenant and my decrees, which I commanded you, I will most certainly tear the kingdom away from you and give it to one of your subordinates." _1Ki 11:11

156 엘리야가 모든 백성에게 가까이 나아가 이르되 너희가 어느 때까지 둘 사이에서 머뭇머뭇하려느냐 여호와가 만일 하나님이면 그를 따르고 바알이 만일 하나님이면 그를 따를지니라 하니 백성이 말 한마디도 대답하지 아니하는지라 _왕상 18:21

157 저녁 소제 드릴 때에 이르러 선지자 엘리야가 나아가서 말하되 아브라함과 이삭과 이스라엘의 하나님 여호와여 주께서 이스라엘 중에서 하나님이신 것과 내가 주의 종인 것과 내가 주의 말씀대로 이 모든 일을 행하는 것을 오늘 알게 하옵소서 _왕상 18:36

158 여호와여 내게 응답하옵소서 내게 응답하옵소서 이 백성에게 주 여호와는 하나님이신 것과 주는 그들의 마음을 되돌이키심을 알게 하옵소서 하매 _왕상 18:37

159 그러나 내가 이스라엘 가운데에 칠천 명을 남기리니 다 바알에게 무릎을 꿇지 아니하고 다 바알에게 입 맞추지 아니한 자니라 _왕상 19:18

156 Elijah went before the people and said, "How long will you waver between two opinions? If the LORD is God, follow him; but if Baal is God, follow him." But the people said nothing. _1Ki 18:21

157 At the time of sacrifice, the prophet Elijah stepped forward and prayed: "LORD, the God of Abraham, Isaac and Israel, let it be known today that you are God in Israel and that I am your servant and have done all these things at your command."
_1Ki 18:36

158 Answer me, LORD, answer me, so these people will know that you, LORD, are God, and that you are turning their hearts back again. _1Ki 18:37

159 Yet I reserve seven thousand in Israel—all whose knees have not bowed down to Baal and whose mouths have not kissed him. _1Ki 19:18

열왕기하

160 건너매 엘리야가 엘리사에게 이르되 나를 네게서 데려감을 당하기 전에 내가 네게 어떻게 할지를 구하라 엘리사가 이르되 당신의 성령이 하시는 역사가 갑절이나 내게 있게 하소서 하는지라 _왕하 2:9

161 나아만이 모든 군대와 함께 하나님의 사람에게로 도로 와서 그의 앞에 서서 이르되 내가 이제 이스라엘 외에는 온 천하에 신이 없는 줄을 아나이다 청하건대 당신의 종에게서 예물을 받으소서 하니 _왕하 5:15

162 요시야가 여호와 보시기에 정직히 행하여 그의 조상 다윗의 모든 길로 행하고 좌우로 치우치지 아니하였더라 _왕하 22:2

2 Kings

160 When they had crossed, Elijah said to Elisha, "Tell me, what can I do for you before I am taken from you?" "Let me inherit a double portion of your spirit," Elisha replied. _2Ki 2:9

161 Then Naaman and all his attendants went back to the man of God. He stood before him and said, "Now I know that there is no God in all the world except in Israel. So please accept a gift from your servant." _2Ki 5:15

162 He did what was right in the eyes of the LORD and followed completely the ways of his father David, not turning aside to the right or to the left. _2Ki 22:2

163   너희는 가서 나와 백성과 온 유다를 위하여 이 발견한 책의 말씀에 대하여 여호와께 물으라 우리 조상들이 이 책의 말씀을 듣지 아니하며 이 책에 우리를 위하여 기록된 모든 것을 행하지 아니하였으므로 여호와께서 우리에게 내리신 진노가 크도다 _왕하 22:13

164   내가 이곳과 그 주민에게 대하여 빈터가 되고 저주가 되리라 한 말을 네가 듣고 마음이 부드러워져서 여호와 앞 곧 내 앞에서 겸비하여 옷을 찢고 통곡하였으므로 나도 네 말을 들었노라 여호와가 말하였느니라 _왕하 22:19

165   왕이 단 위에 서서 여호와 앞에서 언약을 세우되 마음을 다하고 뜻을 다하여 여호와께 순종하고 그의 계명과 법도와 율례를 지켜 이 책에 기록된 이 언약의 말씀을 이루게 하리라 하매 백성이 다 그 언약을 따르기로 하니라

_왕하 23:3

163 Go and inquire of the LORD for me and for the people and for all Judah about what is written in this book that has been found. Great is the LORD's anger that burns against us because those who have gone before us have not obeyed the words of this book; they have not acted in accordance with all that is written there concerning us. _2Ki 22:13

164 Because your heart was responsive and you humbled yourself before the LORD when you heard what I have spoken against this place and its people—that they would become a curse and be laid waste—and because you tore your robes and wept in my presence, I also have heard you, declares the LORD. _2Ki 22:19

165 The king stood by the pillar and renewed the covenant in the presence of the LORD—to follow the LORD and keep his commands, statutes and decrees with all his heart and all his soul, thus confirming the words of the covenant written in this book. Then all the people pledged themselves to the covenant. _2Ki 23:3

166 요시야와 같이 마음을 다하며 뜻을 다하며 힘을 다하여 모세의 모든 율법을 따라 여호와께로 돌이킨 왕은 요시야 전에도 없었고 후에도 그와 같은 자가 없었더라

_왕하 23:25

167 여호와께서 이르시되 내가 이스라엘을 물리친 것같이 유다도 내 앞에서 물리치며 내가 택한 이 성 예루살렘과 내 이름을 거기에 두리라 한 이 성전을 버리리라 하셨더라 _왕하 23:27

166 Neither before nor after Josiah was there a king like him who turned to the LORD as he did—with all his heart and with all his soul and with all his strength, in accordance with all the Law of Moses.

_2Ki 23:25

167 So the LORD said, "I will remove Judah also from my presence as I removed Israel, and I will reject Jerusalem, the city I chose, and this temple, about which I said, 'My name shell be there.'"

_2Ki 23:27

역대상

168 야베스가 이스라엘 하나님께 아뢰어 이르되 주께서 내게 복을 주시려거든 나의 지역을 넓히시고 주의 손으로 나를 도우사 나로 환난을 벗어나 내게 근심이 없게 하옵소서 하였더니 하나님이 그가 구하는 것을 허락하셨더라

_대상 4:10

169 하나님의 궤가 오벧에돔의 집에서 그의 가족과 함께 석 달을 있으니라 여호와께서 오벧에돔의 집과 그의 모든 소유에 복을 내리셨더라 _대상 13:14

170 너희는 여호와께 감사하며 그의 이름을 불러 아뢰며 그가 행하신 일을 만민 중에 알릴지어다 _대상 16:8

1 Chronicles

168 Jabez cried out to the God of Israel, "Oh, that you would bless me and enlarge my territory! Let your hand be with me, and keep me from harm so that I will be free from pain." And God granted his request. _1Ch 4:10

169 The ark of God remained with the family of Obed-Edom in his house for three months, and the LORD blessed his household and everything he had. _1Ch 13:14

170 Give praise to the LORD, proclaim his name; make known among the nations what he has done. _1Ch 16:8

171 여호와여 우리 귀로 들은 대로는 주와 같은 이가 없고 주 외에는 하나님이 없나이다 _대상 17:20

172 그가 내 이름을 위하여 성전을 건축할지라 그는 내 아들이 되고 나는 그의 아버지가 되어 그 나라 왕위를 이스라엘 위에 굳게 세워 영원까지 이르게 하리라 하셨나니

_대상 22:10

173 내 아들 솔로몬아 너는 네 아버지의 하나님을 알고 온전한 마음과 기쁜 뜻으로 섬길지어다 여호와께서는 모든 마음을 감찰하사 모든 의도를 아시나니 네가 만일 그를 찾으면 만날 것이요 만일 네가 그를 버리면 그가 너를 영원히 버리시리라 _대상 28:9

174 또 그의 아들 솔로몬에게 이르되 너는 강하고 담대하게 이 일을 행하라 두려워하지 말며 놀라지 말라 네가 여호와의 성전 공사의 모든 일을 마치기까지 여호와 하나님 나의 하나님이 너와 함께 계시사 네게서 떠나지 아니하시고 너를 버리지 아니하시리라 _대상 28:20

171 There is no one like you, LORD, and there is no God but you, as we have heard with our own ears.
_1Ch 17:20

172 He is the one who will build a house for my Name. He will be my son, and I will be his father. And I will establish the throne of his kingdom over Israel forever. _1Ch 22:10

173 And you, my son Solomon, acknowledge the God of your father, and serve him with wholehearted devotion and with a willing mind, for the LORD searches every heart and understands every desire and every thought. If you seek him, he will be found by you; but if you forsake him, he will reject you forever.
_1Ch 28:9

174 David also said to Solomon his son, "Be strong and courageous, and do the work. Do not be afraid or discouraged, for the LORD God, my God, is with you. He will not fail you or forsake you until all the work for the service of the temple of the LORD is finished." _1Ch 28:20

175 여호와여 위대하심과 권능과 영광과 승리와 위엄이 다 주께 속하였사오니 천지에 있는 것이 다 주의 것이로소이다 여호와여 주권도 주께 속하였사오니 주는 높으사 만물의 머리이심이니이다 _대상 29:11

176 나와 내 백성이 무엇이기에 이처럼 즐거운 마음으로 드릴 힘이 있었나이까 모든 것이 주께로 말미암았사오니 우리가 주의 손에서 받은 것으로 주께 드렸을 뿐이니이다

_대상 29:14

177 나의 하나님이여 주께서 마음을 감찰하시고 정직을 기뻐하시는 줄을 내가 아나이다 내가 정직한 마음으로 이 모든 것을 즐거이 드렸사오며 이제 내가 또 여기 있는 주의 백성이 주께 자원하여 드리는 것을 보오니 심히 기쁘도소이다 _대상 29:17

175 Yours, LORD, is the greatness and the power and the glory and the majesty and the splendor, for everything in heaven and earth is yours. Yours, LORD, is the kingdom; you are exalted as head over all.

_1Ch 29:11

176 But who am I, and who are my people, that we should be able to give as generously as this? Everything comes from you, and we have given you only what comes from your hand. _1Ch 29:14

177 I know, my God, that you test the heart and are pleased with integrity. All these things I have given willingly and with honest intent. And now I have seen with joy how willingly your people who are here have given to you. _1Ch 29:17

역대하

178 여호와 하나님이여 일어나 들어가사 주의 능력의 궤와 함께 주의 평안한 처소에 계시옵소서 여호와 하나님이여 원하옵건대 주의 제사장들에게 구원을 입게 하시고 또 주의 성도들에게 은혜를 기뻐하게 하옵소서 _대하 6:41

179 여호와 하나님이여 주의 기름부음 받은 자에게서 얼굴을 돌리지 마시옵고 주의 종 다윗에게 베푸신 은총을 기억하옵소서 하였더라 _대하 6:42

180 내 이름으로 일컫는 내 백성이 그들의 악한 길에서 떠나 스스로 낮추고 기도하여 내 얼굴을 찾으면 내가 하늘에서 듣고 그들의 죄를 사하고 그들의 땅을 고칠지라

_대하 7:14

2 Chronicles

178 Now arise, LORD God, and come to your resting place, you and the ark of your might. May your priests, LORD God, be clothed with salvation, may your faithful people rejoice in your goodness.

_2Ch 6:41

179 LORD God, do not reject your anointed one. Remember the great love promised to David your servant. _2Ch 6:42

180 If my people, who are called by my name, will humble themselves and pray and seek my face and turn from their wicked ways, then I will hear from heaven, and I will forgive their sin and will heal their land. _2Ch 7:14

181 이스라엘 하나님 여호와께서 소금 언약으로 이스라엘 나라를 영원히 다윗과 그의 자손에게 주신 것을 너희가 알 것 아니냐 _대하 13:5

182 아사가 그의 하나님 여호와께 부르짖어 이르되 여호와여 힘이 강한 자와 약한 자 사이에는 주밖에 도와줄 이가 없사오니 우리 하나님 여호와여 우리를 도우소서 우리가 주를 의지하오며 주의 이름을 의탁하옵고 이 많은 무리를 치러 왔나이다 여호와여 주는 우리 하나님이시오니 원하건대 사람이 주를 이기지 못하게 하옵소서 하였더니

_대하 14:11

183 그런즉 너희는 강하게 하라 너희의 손이 약하지 않게 하라 너희 행위에는 상급이 있음이라 하니라 _대하 15:7

184 온 유다가 이 맹세를 기뻐한지라 무리가 마음을 다하여 맹세하고 뜻을 다하여 여호와를 찾았으므로 여호와께서도 그들을 만나주시고 그들의 사방에 평안을 주셨더라

_대하 15:15

185 여호와의 눈은 온 땅을 두루 감찰하사 전심으로 자기에게 향하는 자들을 위하여 능력을 베푸시나니 이 일은 왕이 망령되이 행하였은즉 이후부터는 왕에게 전쟁이 있으리이다 하매 _대하 16:9

181 Don't you know that the LORD, the God of Israel, has given the kingship of Israel to David and his descendants forever by a covenant of salt?
_2Ch 13:5

182 Then Asa called to the LORD his God and said, "LORD, there is no one like you to help the powerless against the mighty. Help us, LORD our God, for we rely on you, and in your name we have come against this vast army. LORD, you are our God; do not let mere mortals prevail against you." _2Ch 14:11

183 But as for you, be strong and do not give up, for your work will be rewarded. _2Ch 15:7

184 All Judah rejoiced about the oath because they had sworn it wholeheartedly. They sought God eagerly, and he was found by them. So the LORD gave them rest on every side. _2Ch 15:15

185 For the eyes of the LORD range throughout the earth to strengthen those whose hearts are fully committed to him. You have done a foolish thing, and from now on you will be at war. _2Ch 16:9

186 재판관들에게 이르되 너희가 재판하는 것이 사람을 위하여 할 것인지 여호와를 위하여 할 것인지를 잘 살피라 너희가 재판할 때에 여호와께서 너희와 함께하심이니라

_대하 19:6

187 그런즉 너희는 여호와를 두려워하는 마음으로 삼가 행하라 우리의 하나님 여호와께서는 불의함도 없으시고 치우침도 없으시고 뇌물을 받는 일도 없으시니라 하니라

_대하 19:7

188 그들에게 명령하여 이르되 너희는 진실과 성심을 다하여 여호와를 경외하라 _대하 19:9

189 이르되 우리 조상들의 하나님 여호와여 주는 하늘에서 하나님이 아니시니이까 이방 사람들의 모든 나라를 다 스리지 아니하시나이까 주의 손에 권세와 능력이 있사오니 능히 주와 맞설 사람이 없나이다 _대하 20:6

190 야하시엘이 이르되 온 유다와 예루살렘 주민과 여호 사밧 왕이여 들을지어다 여호와께서 이같이 너희에게 말씀하시기를 너희는 이 큰 무리로 말미암아 두려워하거나 놀라지 말라 이 전쟁은 너희에게 속한 것이 아니요 하나님께 속한 것이니라 _대하 20:15

186 He told them, "Consider carefully what you do, because you are not judging for mere mortals but for the LORD, who is with you whenever you give a verdict." _2Ch 19:6

187 Now let the fear of the LORD be on you. Judge carefully, for with the LORD our God there is no injustice or partiality or bribery. _2Ch 19:7

188 He gave them these orders: "You must serve faithfully and wholeheartedly in the fear of the LORD." _2Ch 19:9

189 And said: "LORD, the God of our ancestors, are you not the God who is in heaven? You rule over all the kingdoms of the nations. Power and might are in your hand, and no one can withstand you." _2Ch 20:6

190 He said: "Listen, King Jehoshaphat and all who live in Judah and Jerusalem! This is what the LORD says to you: 'Do not be afraid or discouraged because of this vast army. For the battle is not yours, but God's.'" _2Ch 20:15

191 그들의 자녀들은 죽이지 아니하였으니 이는 모세의 율법책에 기록된 대로 함이라 곧 여호와께서 명령하여 이르시기를 자녀로 말미암아 아버지를 죽이지 말 것이요 아버지로 말미암아 자녀를 죽이지 말 것이라 오직 각 사람은 자기의 죄로 말미암아 죽을 것이니라 하셨더라 _대하 25:4

192 그런즉 너희 조상들같이 목을 곧게 하지 말고 여호와께 돌아와 영원히 거룩하게 하신 전에 들어가서 너희 하나님 여호와를 섬겨 그의 진노가 너희에게서 떠나게 하라

_대하 30:8

193 그가 행하는 모든 일 곧 하나님의 전에 수종드는 일에나 율법에나 계명에나 그의 하나님을 찾고 한마음으로 행하여 형통하였더라 _대하 31:21

194 너희는 마음을 강하게 하며 담대히 하고 앗수르 왕과 그를 따르는 온 무리로 말미암아 두려워하지 말며 놀라지 말라 우리와 함께하시는 이가 그와 함께하는 자보다 크니

_대하 32:7

191 Yet he did not put their children to death, but acted in accordance with what is written in the Law, in the Book of Moses, where the LORD commanded: "Parents shall not be put to death for their children, nor children be put to death for their parents; each will die for their own sin." _2Ch 25:4

192 Do not be stiff-necked, as your ancestors were; submit to the LORD. Come to his sanctuary, which he has consecrated forever. Serve the LORD your God, so that his fierce anger will turn away from you. _2Ch 30:8

193 In everything that he undertook in the service of God's temple and in obedience to the law and the commands, he sought his God and worked wholeheartedly. And so he prospered. _2Ch 31:21

194 Be strong and courageous. Do not be afraid or discouraged because of the king of Assyria and the vast army with him, for there is a greater power with us than with him. _2Ch 32:7

195 이와 같이 요시야가 이스라엘 자손에게 속한 모든 땅에서 가증한 것들을 다 제거하여 버리고 이스라엘의 모든 사람으로 그들의 하나님 여호와를 섬기게 하였으므로 요시야가 사는 날에 백성이 그들의 조상들의 하나님 여호와께 복종하고 떠나지 아니하였더라 _대하 34:33

196 이에 토지가 황폐하여 땅이 안식년을 누림같이 안식하여 칠십 년을 지냈으니 여호와께서 예레미야의 입으로 하신 말씀이 이루어졌더라 _대하 36:21

195 Josiah removed all the detestable idols from all the territory belonging to the Israelites, and he had all who were present in Israel serve the LORD their God. As long as he lived, they did not fail to follow the LORD, the God of their ancestors. _2Ch 34:33

196 The land enjoyed its sabbath rests; all the time of its desolation it rested, until the seventy years were completed in fulfillment of the word of the LORD spoken by Jeremiah. _2Ch 36:21

에스라

197 이스라엘의 하나님은 참 신이시라 너희 중에 그의 백성 된 자는 다 유다 예루살렘으로 올라가서 이스라엘의 하나님 여호와의 성전을 건축하라 그는 예루살렘에 계신 하나님이시라 _스 1:3

198 에스라가 여호와의 율법을 연구하여 준행하며 율례와 규례를 이스라엘에게 가르치기로 결심하였었더라 _스 7:10

199 말하기를 나의 하나님이여 내가 부끄럽고 낯이 뜨거워서 감히 나의 하나님을 향하여 얼굴을 들지 못하오니 이는 우리 죄악이 많아 정수리에 넘치고 우리 허물이 커서 하늘에 미침이니이다 _스 9:6

200 우리 하나님이여 이렇게 하신 후에도 우리가 주의 계명을 저버렸사오니 이제 무슨 말씀을 하오리이까 _스 9:10

Ezra

197 Any of his people among you may go up to Jerusalem in Judah and build the temple of the LORD, the God of Israel, the God who is in Jerusalem, and may their God be with them. _Ezr 1:3

198 For Ezra had devoted himself to the study and observance of the Law of the LORD, and to teaching its decrees and laws in Israel. _Ezr 7:10

199 And prayed: "I am too ashamed and disgraced, my God, to lift up my face to you, because our sins are higher than our heads and our guilt has reached to the heavens." _Ezr 9:6

200 But now, our God, what can we say after this? For we have forsaken the commands. _Ezr 9:10

느헤미야

201 이르되 하늘의 하나님 여호와 크고 두려우신 하나님이여 주를 사랑하고 주의 계명을 지키는 자에게 언약을 지키시며 긍휼을 베푸시는 주여 간구하나이다 _느 1:5

202 내 하나님이여 내가 이 백성을 위하여 행한 모든 일을 기억하사 내게 은혜를 베푸시옵소서 _느 5:19

203 우리의 모든 대적과 주위에 있는 이방 족속들이 이를 듣고 다 두려워하여 크게 낙담하였으니 그들이 우리 하나님께서 이 역사를 이루신 것을 앎이니라 _느 6:16

204 하나님의 율법책을 낭독하고 그 뜻을 해석하여 백성에게 그 낭독하는 것을 다 깨닫게 하니 _느 8:8

Nehemiah

201 Then I said: "LORD, the God of heaven, the great and awesome God, who keeps his covenant of love with those who love him and keep his commandments." _Ne 1:5

202 Remember me with favor, my God, for all I have done for these people. _Ne 5:19

203 When all our enemies heard about this, all the surrounding nations were afraid and lost their self-confidence, because they realized that this work had been done with the help of our God. _Ne 6:16

204 They read from the Book of the Law of God, making it clear and giving the meaning so that the people understood what was being read. _Ne 8:8

205 느헤미야가 또 그들에게 이르기를 너희는 가서 살진 것을 먹고 단것을 마시되 준비하지 못한 자에게는 나누어 주라 이날은 우리 주의 성일이니 근심하지 말라 여호와로 인하여 기뻐하는 것이 너희의 힘이니라 하고 _느 8:10

206 오직 주는 여호와시라 하늘과 하늘들의 하늘과 일월 성신과 땅과 땅 위의 만물과 바다와 그 가운데 모든 것을 지으시고 다 보존하시오니 모든 천군이 주께 경배하나이다 _느 9:6

207 그러나 우리가 당한 모든 일에 주는 공의로우시니 우리는 악을 행하였사오나 주께서는 진실하게 행하셨음이니이다 _느 9:33

208 내 하나님이여 이 일로 말미암아 나를 기억하옵소서 내 하나님의 전과 그 모든 직무를 위하여 내가 행한 선한 일을 도말하지 마옵소서 _느 13:14

205 Nehemiah said, "Go and enjoy choice food and sweet drinks, and send some to those who have nothing prepared. This day is holy to our Lord. Do not grieve, for the joy of the LORD is your strength."
_Ne 8:10

206 You alone are the LORD. You made the heavens, even the highest heavens, and all their starry host, the earth and all that is on it, the seas and all that is in them. You give life to everything, and the multitudes of heaven worship you. _Ne 9:6

207 In all that has happened to us, you have remained righteous; you have acted faithfully, while we acted wickedly. _Ne 9:33

208 Remember me for this, my God, and do not blot out what I have so faithfully done for the house of my God and its services. _Ne 13:14

에스더

209 이때에 네가 만일 잠잠하여 말이 없으면 유다인은 다른 데로 말미암아 놓임과 구원을 얻으려니와 너와 네 아버지 집은 멸망하리라 네가 왕후의 자리를 얻은 것이 이때를 위함이 아닌지 누가 알겠느냐 하니 _에 4:14

210 당신은 가서 수산에 있는 유다인을 다 모으고 나를 위하여 금식하되 밤낮 삼 일을 먹지도 말고 마시지도 마소서 나도 나의 시녀와 더불어 이렇게 금식한 후에 규례를 어기고 왕에게 나아가리니 죽으면 죽으리이다 하니라

_에 4:16

211 이 달 이 날에 유다인들이 대적에게서 벗어나서 평안함을 얻어 슬픔이 변하여 기쁨이 되고 애통이 변하여 길한 날이 되었으니 이 두 날을 지켜 잔치를 베풀고 즐기며 서로 예물을 주며 가난한 자를 구제하라 하매 _에 9:22

Esther

209 For if you remain silent at this time, relief and deliverance for the Jews will arise from another place, but you and your father's family will perish. And who knows but that you have come to your royal position for such a time as this? _Est 4:14

210 Go, gather together all the Jews who are in Susa, and fast for me. Do not eat or drink for three days, night or day. I and my attendants will fast as you do. When this is done, I will go to the king, even though it is against the law. And if I perish, I perish. _Est 4:16

211 As the time when the Jews got relief from their enemies, and as the month when their sorrow was turned into joy and their mourning into a day of celebration. He wrote them to observe the days as days of feasting and joy and giving presents of food to one another and gifts to the poor. _Est 9:22

욥기

212 이르되 내가 모태에서 알몸으로 나왔사온즉 또한 알몸이 그리로 돌아가올지라 주신 이도 여호와시요 거두신 이도 여호와시오니 여호와의 이름이 찬송을 받으실지니이다 하고 _욥 1:21

213 이 모든 일에 욥이 범죄하지 아니하고 하나님을 향하여 원망하지 아니하니라 _욥 1:22

214 여호와께서 사탄에게 이르시되 네가 내 종 욥을 주의하여 보았느냐 그와 같이 온전하고 정직하여 하나님을 경외하며 악에서 떠난 자가 세상에 없느니라 네가 나를 충동하여 까닭 없이 그를 치게 하였어도 그가 여전히 자기의 온전함을 굳게 지켰느니라 _욥 2:3

Job

212 And said: "Naked I came from my mother's womb, and naked I will depart. The LORD gave and the LORD has taken away; may the name of the LORD be praised." _Job 1:21

213 In all this, Job did not sin by charging God with wrongdoing. _Job 1:22

214 Then the LORD said to Satan, "Have you considered my servant Job? There is no one on earth like him; he is blameless and upright, a man who fears God and shuns evil. And he still maintains his integrity, though you incited me against him to ruin him without any reason." _Job 2:3

215 그가 이르되 그대의 말이 한 어리석은 여자의 말 같도다 우리가 하나님께 복을 받았은즉 화도 받지 아니하겠느냐 하고 이 모든 일에 욥이 입술로 범죄하지 아니하니라 _욥 2:10

216 사람이 하나님께 변론하기를 좋아할지라도 천 마디에 한 마디도 대답하지 못하리라 _욥 9:3

217 내가 알기에는 나의 대속자가 살아 계시니 마침내 그가 땅 위에 서실 것이라 _욥 19:25

218 내 가죽이 벗김을 당한 뒤에도 내가 육체 밖에서 하나님을 보리라 _욥 19:26

219 그러나 내가 가는 길을 그가 아시나니 그가 나를 단련하신 후에는 내가 순금같이 되어 나오리라 _욥 23:10

220 내가 내 공의를 굳게 잡고 놓지 아니하리니 내 마음이 나의 생애를 비웃지 아니하리라 _욥 27:6

221 또 사람에게 말씀하셨도다 보라 주를 경외함이 지혜요 악을 떠남이 명철이니라 _욥 28:28

215 He replied, "You are talking like a foolish woman. Shall we accept good from God, and not trouble?" In all this, Job did not sin in what he said.
_Job 2:10

216 Though they wished to dispute with him, they could not answer him one time out of a thousand.
_Job 9:3

217 I know that my Redeemer lives, and that in the end he will stand on the earth. _Job 19:25

218 And after my skin has been destroyed, yet in my flesh I will see God. _Job 19:26

219 But he knows the way that I take; when he has tested me, I will come forth as gold. _Job 23:10

220 I will maintain my innocence and never let go of it; my conscience will not reproach me as long as I live. _Job 27:6

221 And he said to the human race, "The fear of the Lord—that is wisdom, and to shun evil is understanding." _Job 28:28

222 보소서 나는 비천하오니 무엇이라 주께 대답하리이까 손으로 내 입을 가릴 뿐이로소이다 _욥 40:4

223 모든 교만한 자를 발견하여 낮아지게 하며 악인을 그들의 처소에서 짓밟을지니라 _욥 40:12

224 주께서는 못하실 일이 없사오며 무슨 계획이든지 못 이루실 것이 없는 줄 아오니 _욥 42:2

225 무지한 말로 이치를 가리는 자가 누구니이까 나는 깨닫지도 못한 일을 말하였고 스스로 알 수도 없고 헤아리기도 어려운 일을 말하였나이다 _욥 42:3

226 내가 주께 대하여 귀로 듣기만 하였사오나 이제는 눈으로 주를 뵈옵나이다 _욥 42:5

227 그러므로 내가 스스로 거두어들이고 티끌과 재 가운데에서 회개하나이다 _욥 42:6

222 I am unworthy—how can I reply to you? I put my hand over my mouth. _Job 40:4

223 Look at all who are proud and humble them, crush the wicked where they stand. _Job 40:12

224 I know that you can do all things; no purpose of yours can be thwarted. _Job 42:2

225 You asked, 'Who is this that obscures my plans without knowledge?' Surely I spoke of things I did not understand, things too wonderful for me to know. _Job 42:3

226 My ears had heard of you but now my eyes have seen you. _Job 42:5

227 Therefore I despise myself and repent in dust and ashes. _Job 42:6

시편

228 복 있는 사람은 악인들의 꾀를 따르지 아니하며 죄인들의 길에 서지 아니하며 오만한 자들의 자리에 앉지 아니하고 _시 1:1

229 오직 여호와의 율법을 즐거워하여 그의 율법을 주야로 묵상하는도다 _시 1:2

230 그는 시냇가에 심은 나무가 철을 따라 열매를 맺으며 그 잎사귀가 마르지 아니함 같으니 그가 하는 모든 일이 다 형통하리로다 _시 1:3

231 무릇 의인들의 길은 여호와께서 인정하시나 악인들의 길은 망하리로다 _시 1:6

232 내가 여호와의 명령을 전하노라 여호와께서 내게 이르시되 너는 내 아들이라 오늘 내가 너를 낳았도다 _시 2:7

Psalms

228 Blessed is the one who does not walk in step with the wicked or stand in the way that sinners take or sit in the company of mockers. _Ps 1:1

229 But whose delight is in the law of the LORD, and who meditates on his law day and night. _Ps 1:2

230 That person is like a tree planted by streams of water, which yields its fruit in season and whose leaf does not wither—Whatever they do prospers. _Ps 1:3

231 For the LORD watches over the way of the righteous, but the way of the wicked leads to destruction. _Ps 1:6

232 I will proclaim the LORD's decree: He said to me, "You are my Son; today I have become your Father." _Ps 2:7

233 내가 평안히 눕고 자기도 하리니 나를 안전히 살게 하시는 이는 오직 여호와이시니이다 _시 4:8

234 여호와여 아침에 주께서 나의 소리를 들으시리니 아침에 내가 주께 기도하고 바라리이다 _시 5:3

235 사람이 무엇이기에 주께서 그를 생각하시며 인자가 무엇이기에 주께서 그를 돌보시나이까 _시 8:4

236 여호와께서는 그의 성전에 계시고 여호와의 보좌는 하늘에 있음이여 그의 눈이 인생을 통촉하시고 그의 안목이 그들을 감찰하시도다 _시 11:4

237 여호와의 말씀은 순결함이여 흙 도가니에 일곱 번 단련한 은 같도다 _시 12:6

238 어리석은 자는 그의 마음에 이르기를 하나님이 없다 하는도다 그들은 부패하고 그 행실이 가증하니 선을 행하는 자가 없도다 _시 14:1

239 여호와여 주의 장막에 머무를 자 누구오며 주의 성산에 사는 자 누구오니이까 _시 15:1

233 In peace I will lie down and sleep, for you alone, LORD, make me dwell in safety. _Ps 4:8

234 In the morning, LORD, you hear my voice; in the morning I lay my requests before you and wait expectantly. _Ps 5:3

235 What is mankind that you are mindful of them, human beings that you care for them? _Ps 8:4

236 The LORD is in his holy temple; the LORD is on his heavenly throne. He observes everyone on earth; his eyes examine them. _Ps 11:4

237 And the words of the LORD are flawless, like silver purified in a crucible, like gold refined seven times. _Ps 12:6

238 The fool says in his heart, "There is no God." They are corrupt, their deeds are vile; there is no one who does good. _Ps 14:1

239 LORD, who may dwell in your sacred tent? Who may live on your holy mountain? _Ps 15:1

240 이는 주께서 내 영혼을 스올에 버리지 아니하시며 주의 거룩한 자를 멸망시키지 않으실 것임이니이다 _시 16:10

241 나의 힘이신 여호와여 내가 주를 사랑하나이다 _시 18:1

242 여호와는 나의 반석이시요 나의 요새시요 나를 건지시는 이시요 나의 하나님이시요 내가 그 안에 피할 나의 바위시요 나의 방패시요 나의 구원의 뿔이시요 나의 산성이시로다 _시 18:2

243 하늘이 하나님의 영광을 선포하고 궁창이 그의 손으로 하신 일을 나타내는도다 _시 19:1

244 여호와는 나의 목자시니 내게 부족함이 없으리로다 _시 23:1

245 그가 나를 푸른 풀밭에 누이시며 쉴 만한 물가로 인도하시는도다 _시 23:2

246 여호와는 나의 빛이요 나의 구원이시니 내가 누구를 두려워하리요 여호와는 내 생명의 능력이시니 내가 누구를 무서워하리요 _시 27:1

240 Because you will not abandon me to the realm of the dead, nor will you let your faithful one see decay. _Ps 16:10

241 I love you, LORD, my strength. _Ps 18:1

242 The LORD is my rock, my fortress and my deliverer; my God is my rock, in whom I take refuge, my shield and the horn of my salvation, my stronghold. _Ps 18:2

243 The heavens declare the glory of God; the skies proclaim the work of his hands. _Ps 19:1

244 The LORD is my shepherd, I lack nothing. _Ps 23:1

245 He makes me lie down in green pastures, he leads me beside quiet waters. _Ps 23:2

246 The LORD is my light and my salvation—whom shall I fear? The LORD is the stronghold of my life—of whom shall I be afraid? _Ps 27:1

247 주께서 나의 슬픔이 변하여 내게 춤이 되게 하시며 나의 베옷을 벗기고 기쁨으로 띠 띠우셨나이다 _시 30:11

248 내가 나의 영을 주의 손에 부탁하나이다 진리의 하나님 여호와여 나를 속량하셨나이다 _시 31:5

249 주를 두려워하는 자를 위하여 쌓아 두신 은혜 곧 주께 피하는 자를 위하여 인생 앞에 베푸신 은혜가 어찌 그리 큰지요 _시 31:19

250 너희는 여호와의 선하심을 맛보아 알지어다 그에게 피하는 자는 복이 있도다 _시 34:8

251 또 여호와를 기뻐하라 그가 네 마음의 소원을 네게 이루어 주시리로다 _시 37:4

252 여호와께서 사람의 걸음을 정하시고 그의 길을 기뻐하시나니 _시 37:23

253 그는 넘어지나 아주 엎드러지지 아니함은 여호와께서 그의 손으로 붙드심이로다 _시 37:24

247 You turned my wailing into dancing; you removed my sackcloth and clothed me with joy.
_Ps 30:11

248 Into your hands I commit my spirit; deliver me, LORD, my faithful God. _Ps 31:5

249 How abundant are the good things that you have stored up for those who fear you, that you bestow in the sight of all, on those who take refuge in you. _Ps 31:19

250 Taste and see that the LORD is good; blessed is the one who takes refuge in him. _Ps 34:8

251 Take delight in the LORD, and he will give you the desires of your heart. _Ps 37:4

252 The LORD makes firm the steps of the one who delights in him. _Ps 37:23

253 Though he may stumble, he will not fall, for the LORD upholds him with his hand. _Ps 37:24

254 내가 여호와를 기다리고 기다렸더니 귀를 기울이사 나의 부르짖음을 들으셨도다 _시 40:1

255 나를 기가 막힐 웅덩이와 수렁에서 끌어올리시고 내 발을 반석 위에 두사 내 걸음을 견고하게 하셨도다 _시 40:2

256 하나님이여 사슴이 시냇물을 찾기에 갈급함같이 내 영혼이 주를 찾기에 갈급하니이다 _시 42:1

257 내 영혼아 네가 어찌하여 낙심하며 어찌하여 내 속에서 불안해하는가 너는 하나님께 소망을 두라 그가 나타나 도우심으로 말미암아 내가 여전히 찬송하리로다 _시 42:5

258 여호와는 위대하시니 우리 하나님의 성, 거룩한 산에서 극진히 찬양 받으시리로다 _시 48:1

259 주의 얼굴을 내 죄에서 돌이키시고 내 모든 죄악을 지워주소서 _시 51:9

260 하나님이여 내 속에 정한 마음을 창조하시고 내 안에 정직한 영을 새롭게 하소서 _시 51:10

261 나를 주 앞에서 쫓아내지 마시며 주의 성령을 내게서 거두지 마소서 _시 51:11

254 I waited patiently for the LORD; he turned to me and heard my cry. _Ps 40:1

255 He lifted me out of the slimy pit, out of the mud and mire; he set my feet on a rock and gave me a firm place to stand. _Ps 40:2

256 As the deer pants for streams of water, so my soul pants for you, my God. _Ps 42:1

257 Why, my soul, are you downcast? Why so disturbed within me? Put your hope in God, for I will yet praise him, my Savior and my God. _Ps 42:5

258 Great is the LORD, and most worthy of praise, in the city of our God, his holy mountain. _Ps 48:1

259 Hide your face from my sins and blot out all my iniquity. _Ps 51:9

260 Create in me a pure heart, O God, and renew a steadfast spirit within me. _Ps 51:10

261 Do not cast me from your presence or take your Holy Spirit from me. _Ps 51:11

262　하나님께서 구하시는 제사는 상한 심령이라 하나님이여 상하고 통회하는 마음을 주께서 멸시하지 아니하시리이다 _시 51:17

263　네 짐을 여호와께 맡기라 그가 너를 붙드시고 의인의 요동함을 영원히 허락하지 아니하시리로다 _시 55:22

264　내가 하나님을 의지하였은즉 두려워하지 아니하리니 사람이 내게 어찌하리이까 _시 56:11

265　하나님이여 내 마음이 확정되었고 내 마음이 확정되었사오니 내가 노래하고 내가 찬송하리이다 _시 57:7

266　하늘에서는 주 외에 누가 내게 있으리요 땅에서는 주 밖에 내가 사모할 이 없나이다 _시 73:25

267　내 육체와 마음은 쇠약하나 하나님은 내 마음의 반석이시요 영원한 분깃이시라 _시 73:26

268　나는 너를 애굽 땅에서 인도하여 낸 여호와 네 하나님이니 네 입을 크게 열라 내가 채우리라 하였으나
_시 81:10

262 My sacrifice, O God, is a broken spirit; a broken and contrite heart you, God, will not despise. _Ps 51:17

263 Cast your cares on the LORD and he will sustain you; he will never let the righteous be shaken. _Ps 55:22

264 In God I trust and am not afraid. What can man do to me? _Ps 56:11

265 My heart, O God, is steadfast, my heart is steadfast; I will sing and make music. _Ps 57:7

266 Whom have I in heaven but you? And earth has nothing I desire besides you. _Ps 73:25

267 My flesh and my heart may fail, but God is the strength of my heart and my portion forever. _Ps 73:26

268 I am the LORD your God, who brought you up out of Egypt. Open wide your mouth and I will fill it. _Ps 81:10

269 주의 궁정에서의 한 날이 다른 곳에서의 천 날보다 나은즉 악인의 장막에 사는 것보다 내 하나님의 성전 문지기로 있는 것이 좋사오니 _시 84:10

270 의와 공의가 주의 보좌의 기초라 인자함과 진실함이 주 앞에 있나이다 _시 89:14

271 여호와가 우리 하나님이신 줄 너희는 알지어다 그는 우리를 지으신 이요 우리는 그의 것이니 그의 백성이요 그의 기르시는 양이로다 _시 100:3

272 감사함으로 그의 문에 들어가며 찬송함으로 그의 궁정에 들어가서 그에게 감사하며 그의 이름을 송축할지어다 _시 100:4

273 여호와는 선하시니 그의 인자하심이 영원하고 그의 성실하심이 대대에 이르리로다 _시 100:5

274 그가 사모하는 영혼에게 만족을 주시며 주린 영혼에게 좋은 것으로 채워주심이로다 _시 107:9

269 Better is one day in your courts than a thousand elsewhere; I would rather be a doorkeeper in the house of my God than dwell in the tents of the wicked. _Ps 84:10

270 Righteousness and justice are the foundation of your throne; love and faithfulness go before you. _Ps 89:14

271 Know that the LORD is God. It is he who made us, and we are his; we are his people, the sheep of his pasture. _Ps 100:3

272 Enter his gates with thanksgiving and his courts with praise; give thanks to him and praise his name. _Ps 100:4

273 For the LORD is good and his love endures forever; his faithfulness continues through all generations. _Ps 100:5

274 For he satisfies the thirsty and fills the hungry with good things. _Ps 107:9

275 여호와께서 내 주에게 말씀하시기를 내가 네 원수들로 네 발판이 되게 하기까지 너는 내 오른쪽에 앉아 있으라 하셨도다 _시 110:1

276 여호와를 경외함이 지혜의 근본이라 그의 계명을 지키는 자는 다 훌륭한 지각을 가진 자이니 여호와를 찬양함이 영원히 계속되리로다 _시 111:10

277 내게 주신 모든 은혜를 내가 여호와께 무엇으로 보답할까 _시 116:12

278 우리에게 향하신 여호와의 인자하심이 크시고 여호와의 진실하심이 영원함이로다 할렐루야 _시 117:2

279 고난당한 것이 내게 유익이라 이로 말미암아 내가 주의 율례들을 배우게 되었나이다 _시 119:71

280 내가 주의 법을 어찌 그리 사랑하는지요 내가 그것을 종일 작은 소리로 읊조리나이다 _시 119:97

281 주의 말씀은 내 발에 등이요 내 길에 빛이니이다 _시 119:105

275 The LORD says to my lord: "Sit at my right hand until I make your enemies a footstool for your feet."
_Ps 110:1

276 The fear of the LORD is the beginning of wisdom; all who follow his precepts have good understanding. To him belongs eternal praise.
_Ps 111:10

277 What shall I return to the LORD for all his goodness to me? _Ps 116:12

278 For great is his love toward us, and the faithfulness of the LORD endures forever. Praise the LORD.
_Ps 117:2

279 It was good for me to be afflicted so that I might learn your decrees. _Ps 119:71

280 Oh, how I love your law! I meditate on it all day long. _Ps 119:97

281 Your word is a lamp for my feet, a light on my path. _Ps 119:105

282 이스라엘을 지키시는 이는 졸지도 아니하시고 주무시지도 아니하시리로다 _시 121:4

283 여호와께서 집을 세우지 아니하시면 세우는 자의 수고가 헛되며 여호와께서 성을 지키지 아니하시면 파수꾼의 깨어 있음이 헛되도다 _시 127:1

284 보라 형제가 연합하여 동거함이 어찌 그리 선하고 아름다운고 _시 133:1

285 아침에 나로 하여금 주의 인자한 말씀을 듣게 하소서 내가 주를 의뢰함이니이다 내가 다닐 길을 알게 하소서 내가 내 영혼을 주께 드림이니이다 _시 143:8

286 호흡이 있는 자마다 여호와를 찬양할지어다 할렐루야 _시 150:6

282 Indeed, he who watches over Israel will neither slumber nor sleep. _Ps 121:4

283 Unless the LORD builds the house, its builders labor in vain. Unless the LORD watches over the city, the guards stand watch in vain. _Ps 127:1

284 How good and pleasant it is when God's people live together in unity! _Ps 133:1

285 Let the morning bring me word of your unfailing love, for I have put my trust in you. Show me the way I should go, for to you I entrust my life. _Ps 143:8

286 Let everything that has breath praise the LORD. Praise the LORD. _Ps 150:6

잠언

287 지혜 있는 자는 듣고 학식이 더할 것이요 명철한 자는 지략을 얻을 것이라 _잠 1:5

288 너는 마음을 다하여 여호와를 신뢰하고 네 명철을 의지하지 말라 _잠 3:5

289 대저 여호와께서 그 사랑하시는 자를 징계하시기를 마치 아비가 그 기뻐하는 아들을 징계함같이 하시느니라 _잠 3:12

290 지혜는 그 얻은 자에게 생명나무라 지혜를 가진 자는 복되도다 _잠 3:18

291 지혜가 제일이니 지혜를 얻으라 네가 얻은 모든 것을 가지고 명철을 얻을지니라 _잠 4:7

292 모든 지킬 만한 것 중에 더욱 네 마음을 지키라 생명의 근원이 이에서 남이니라 _잠 4:23

Proverbs

287 Let the wise listen and add to their learning, and let the discerning get guidance. _Pr 1:5

288 Trust in the LORD with all your heart and lean not on your own understanding. _Pr 3:5

289 Because the LORD disciplines those he loves, as a father the son he delights in. _Pr 3:12

290 She is a tree of life to those who take hold of her; those who hold her fast will be blessed. _Pr 3:18

291 The beginning of wisdom is this: Get wisdom. Though it cost all you have, get understanding. _Pr 4:7

292 Above all else, guard your heart, for everything you do flows from it. _Pr 4:23

293 여호와를 경외하는 것이 지혜의 근본이요 거룩하신 자를 아는 것이 명철이니라 _잠 9:10

294 미움은 다툼을 일으켜도 사랑은 모든 허물을 가리느니라 _잠 10:12

295 악인에게는 그의 두려워하는 것이 임하거니와 의인은 그 원하는 것이 이루어지느니라 _잠 10:24

296 의인의 열매는 생명나무라 지혜로운 자는 사람을 얻느니라 _잠 11:30

297 너의 행사를 여호와께 맡기라 그리하면 네가 경영하는 것이 이루어지리라 _잠 16:3

298 사람의 행위가 여호와를 기쁘시게 하면 그 사람의 원수라도 그와 더불어 화목하게 하시느니라 _잠 16:7

299 사람이 마음으로 자기의 길을 계획할지라도 그의 걸음을 인도하시는 이는 여호와시니라 _잠 16:9

300 사람의 마음의 교만은 멸망의 선봉이요 겸손은 존귀의 길잡이니라 _잠 18:12

293 The fear of the LORD is the beginning of wisdom, and knowledge of the Holy One is understanding. _Pr 9:10

294 Hatred stirs up conflict, but love covers over all wrongs. _Pr 10:12

295 What the wicked dread will overtake them; what the righteous desire will be granted. _Pr 10:24

296 The fruit of the righteous is a tree of life, and the one who is wise saves lives. _Pr 11:30

297 Commit to the LORD whatever you do, and he will establish your plans. _Pr 16:3

298 When the LORD takes pleasure in anyone's way, he causes their enemies to make peace with them. _Pr 16:7

299 In their hearts humans plan their course, but the LORD establishes their steps. _Pr 16:9

300 Before a downfall the heart is haughty, but humility comes before honor. _Pr 18:12

301 사람의 행위가 자기 보기에는 모두 정직하여도 여호와는 마음을 감찰하시느니라 _잠 21:2

302 마땅히 행할 길을 아이에게 가르치라 그리하면 늙어도 그것을 떠나지 아니하리라 _잠 22:6

303 네 마음으로 죄인의 형통을 부러워하지 말고 항상 여호와를 경외하라 _잠 23:17

304 경우에 합당한 말은 아로새긴 은 쟁반에 금 사과니라 _잠 25:11

305 자기의 마음을 제어하지 아니하는 자는 성읍이 무너지고 성벽이 없는 것과 같으니라 _잠 25:28

306 너는 내일 일을 자랑하지 말라 하루 동안에 무슨 일이 일어날는지 네가 알 수 없음이니라 _잠 27:1

307 철이 철을 날카롭게 하는 것같이 사람이 그의 친구의 얼굴을 빛나게 하느니라 _잠 27:17

308 곧 헛된 것과 거짓말을 내게서 멀리하옵시며 나를 가난하게도 마옵시고 부하게도 마옵시고 오직 필요한 양식으로 나를 먹이시옵소서 _잠 30:8

301 A person may think their own ways are right, but the LORD weighs the heart. _Pr 21:2

302 Start children off on the way they should go, and even when they are old they will not turn from it. _Pr 22:6

303 Do not let your heart envy sinners, but always be zealous for the fear of the LORD. _Pr 23:17

304 Like apples of gold in settings of silver is a ruling rightly given. _Pr 25:11

305 Like a city whose walls are broken through is a person who lacks self-control. _Pr 25:28

306 Do not boast about tomorrow, for you do not know what a day may bring. _Pr 27:1

307 As iron sharpens iron, so one person sharpens another. _Pr 27:17

308 Keep falsehood and lies far from me; give me neither poverty nor riches, but give me only my daily bread. _Pr 30:8

전도서

309 전도자가 이르되 헛되고 헛되며 헛되고 헛되니 모든 것이 헛되도다 _전 1:2

310 범사에 기한이 있고 천하 만사가 다 때가 있나니 _전 3:1

311 하나님이 모든 것을 지으시되 때를 따라 아름답게 하셨고 또 사람들에게는 영원을 사모하는 마음을 주셨느니라 그러나 하나님이 하시는 일의 시종을 사람으로 측량할 수 없게 하셨도다 _전 3:11

312 그러므로 나는 사람이 자기 일에 즐거워하는 것보다 더 나은 것이 없음을 보았나니 이는 그것이 그의 몫이기 때문이라 아, 그의 뒤에 일어날 일이 무엇인지를 보게 하려고 그를 도로 데리고 올 자가 누구이랴 _전 3:22

Ecclesiastes

309 "Meaningless! Meaningless!" says the Teacher. "Utterly meaningless! Everything is meaningless." _Ecc 1:2

310 There is a time for everything, and a season for every activity under heavens. _Ecc 3:1

311 He has made everything beautiful in its time. He has also set eternity in the human heart; yet no one can fathom what God has done from beginning to end. _Ecc 3:11

312 So I saw that there is nothing better for a person than to enjoy their work, because that is their lot. For who can bring them to see what will happen after them? _Ecc 3:22

313 한 사람이면 패하겠거니와 두 사람이면 맞설 수 있나니 세 겹 줄은 쉽게 끊어지지 아니하느니라 _전 4:12

314 네가 하나님께 서원하였거든 갚기를 더디게 하지 말라 하나님은 우매한 자들을 기뻐하지 아니하시나니 서원한 것을 갚으라 _전 5:4

315 꿈이 많으면 헛된 일들이 많아지고 말이 많아도 그러하니 오직 너는 하나님을 경외할지니라 _전 5:7

316 사람의 수고는 다 자기의 입을 위함이나 그 식욕은 채울 수 없느니라 _전 6:7

317 형통한 날에는 기뻐하고 곤고한 날에는 되돌아보아라 이 두 가지를 하나님이 병행하게 하사 사람이 그의 장래 일을 능히 헤아려 알지 못하게 하셨느니라 _전 7:14

318 누가 지혜자와 같으며 누가 사물의 이치를 아는 자이냐 사람의 지혜는 그의 얼굴에 광채가 나게 하나니 그의 얼굴의 사나운 것이 변하느니라 _전 8:1

313 Though one may be overpowered, two can defend themselves. A cord of three strands is not quickly broken. _Ecc 4:12

314 When you make a vow to God, do not delay to fulfill it. He has no pleasure in fools; fulfill your vow. _Ecc 5:4

315 Much dreaming and many words are meaningless. Therefore fear God. _Ecc 5:7

316 Everyone's toil is for their mouth, yet their appetite is never satisfied. _Ecc 6:7

317 When times are good, be happy; but when times are bad, consider this: God has made the one as well as the other. Therefore, no one can discover anything about their future. _Ecc 7:14

318 Who is like the wise? Who knows the explanation of things? A person's wisdom brightens their face and changes its hard appearance. _Ecc 8:1

319 네 헛된 평생의 모든 날 곧 하나님이 해 아래에서 네게 주신 모든 헛된 날에 네가 사랑하는 아내와 함께 즐겁게 살지어다 그것이 네가 평생에 해 아래에서 수고하고 얻은 네 몫이니라 _전 9:9

320 네 손이 일을 얻는 대로 힘을 다하여 할지어다 네가 장차 들어갈 스올에는 일도 없고 계획도 없고 지식도 없고 지혜도 없음이니라 _전 9:10

321 청년이여 네 어린 때를 즐거워하며 네 청년의 날들을 마음에 기뻐하여 마음에 원하는 길들과 네 눈이 보는 대로 행하라 그러나 하나님이 이 모든 일로 말미암아 너를 심판하실 줄 알라 _전 11:9

322 너는 청년의 때에 너의 창조주를 기억하라 곧 곤고한 날이 이르기 전에, 나는 아무 낙이 없다고 할 해들이 가깝기 전에 _전 12:1

323 일의 결국을 다 들었으니 하나님을 경외하고 그의 명령들을 지킬지어다 이것이 모든 사람의 본분이니라 _전 12:13

319 Enjoy life with your wife, whom you love, all the days of this meaningless life that God has given you under the sun—all your meaningless days. For this is your lot in life and in your toilsome labor under the sun. _Ecc 9:9

320 Whatever your hand finds to do, do it with all your might, for in the realm of the dead, where you are going, there is neither working nor planning nor knowledge nor wisdom. _Ecc 9:10

321 You who are young, be happy while you are young, and let your heart give you joy in the days of your youth. Follow the ways of your heart and whatever your eyes see, but know that for all these things God will bring you into judgment. _Ecc 11:9

322 Remember your Creator in the days of your youth, before the days of trouble come and the years approach when you will say, "I find no pleasure in them." _Ecc 12:1

323 Now all has been heard; here is the conclusion of the matter: Fear God and keep his commandments, for this is the duty of all mankind. _Ecc 12:13

324 하나님은 모든 행위와 모든 은밀한 일을 선악 간에
심판하시리라 _전 12:14

324 For God will bring every deed into judgment, including every hidden thing, whether it is good or evil. _Ecc 12:14

아가

325 나의 사랑하는 자가 내게 말하여 이르기를 나의 사랑, 내 어여쁜 자야 일어나서 함께 가자 _아 2:10

326 나는 내 사랑하는 자에게 속하였고 내 사랑하는 자는 내게 속하였으며 그가 백합화 가운데에서 그 양 떼를 먹이는도다 _아 6:3

327 너는 나를 도장같이 마음에 품고 도장같이 팔에 두라 사랑은 죽음같이 강하고 질투는 스올같이 잔인하며 불길같이 일어나니 그 기세가 여호와의 불과 같으니라 _아 8:6

328 많은 물도 이 사랑을 끄지 못하겠고 홍수라도 삼키지 못하나니 사람이 그의 온 가산을 다 주고 사랑과 바꾸려 할지라도 오히려 멸시를 받으리라 _아 8:7

Song of Songs

325 My beloved spoke and said to me, "Arise, my darling, my beautiful one, come with me." _SS 2:10

326 I am my beloved's and my beloved is mine; he browses among the lilies. _SS 6:3

327 Place me like a seal over your heart, like a seal on your arm; for love is as strong as death, its jealousy unyielding as the grave. It burns like blazing fire, like a mighty flame. _SS 8:6

328 Many waters cannot quench love; rivers cannot sweep it away. If one were to give all the wealth of one's house for love, it would be utterly scorned.

_SS 8:7

이사야

329 여호와께서 말씀하시되 오라 우리가 서로 변론하자 너희의 죄가 주홍 같을지라도 눈과 같이 희어질 것이요 진홍같이 붉을지라도 양털같이 희게 되리라 _사 1:18

330 많은 백성이 가며 이르기를 오라 우리가 여호와의 산에 오르며 야곱의 하나님의 전에 이르자 그가 그의 길을 우리에게 가르치실 것이라 우리가 그 길로 행하리라 하리니 이는 율법이 시온에서부터 나올 것이요 여호와의 말씀이 예루살렘에서부터 나올 것임이니라 _사 2:3

331 그가 열방 사이에 판단하시며 많은 백성을 판결하시리니 무리가 그들의 칼을 쳐서 보습을 만들고 그들의 창을 쳐서 낫을 만들 것이며 이 나라와 저 나라가 다시는 칼을 들고 서로 치지 아니하며 다시는 전쟁을 연습하지 아니하리라 _사 2:4

Isaiah

329 "Come now, let us settle the matter," says the LORD. "Though your sins are like scarlet, they shall be as white as snow; though they are red as crimson, they shall be like wool." _Isa 1:18

330 Many peoples will come and say, "Come, let us go up to the mountain of the LORD, to the temple of the God of Jacob. He will teach us his ways, so that we may walk in his paths." The law will go out from Zion, the word of the LORD from Jerusalem.

_Isa 2:3

331 He will judge between the nations and will settle disputes for many peoples. They will beat their swords into plowshares and their spears into pruning hooks. Nation will not take up sword against nation, nor will they train for war anymore. _Isa 2:4

332 무릇 만군의 여호와의 포도원은 이스라엘 족속이요 그가 기뻐하시는 나무는 유다 사람이라 그들에게 정의를 바라셨더니 도리어 포학이요 그들에게 공의를 바라셨더니 도리어 부르짖음이었도다 _사 5:7

333 그때에 내가 말하되 화로다 나여 망하게 되었도다 나는 입술이 부정한 사람이요 나는 입술이 부정한 백성 중에 거주하면서 만군의 여호와이신 왕을 뵈었음이로다 하였더라 _사 6:5

334 내가 또 주의 목소리를 들으니 주께서 이르시되 내가 누구를 보내며 누가 우리를 위하여 갈꼬 하시니 그때에 내가 이르되 내가 여기 있나이다 나를 보내소서 하였더라 _사 6:8

335 그러므로 주께서 친히 징조를 너희에게 주실 것이라 보라 처녀가 잉태하여 아들을 낳을 것이요 그의 이름을 임마누엘이라 하리라 _사 7:14

336 이는 한 아기가 우리에게 났고 한 아들을 우리에게 주신 바 되었는데 그의 어깨에는 정사를 메었고 그의 이름은 기묘자라, 모사라, 전능하신 하나님이라, 영존하시는 아버지라, 평강의 왕이라 할 것임이라 _사 9:6

332 The vineyard of the LORD Almighty is the nation of Israel, and the people of Judah are the vines he delighted in. And he looked for justice, but saw bloodshed; for righteousness, but heard cries of distress. _Isa 5:7

333 "Woe to me!" I cried. "I am ruined! For I am a man of unclean lips, and I live among a people of unclean lips, and my eyes have seen the King, the LORD Almighty." _Isa 6:5

334 Then I heard the voice of the Lord saying, "Whom shall I send? And who will go for us?" And I said, "Here am I. Send me!" _Isa 6:8

335 Therefore the Lord himself will give you a sign: The virgin will conceive and give birth to a son, and will call him Immanuel. _Isa 7:14

336 For to us a child is born, to us a son is given, and the government will be on his shoulders. And he will be called Wonderful Counselor, Mighty God, Everlasting Father, Prince of Peace. _Isa 9:6

337 이새의 줄기에서 한 싹이 나며 그 뿌리에서 한 가지가 나서 결실할 것이요 _사 11:1

338 그의 위에 여호와의 영 곧 지혜와 총명의 영이요 모략과 재능의 영이요 지식과 여호와를 경외하는 영이 강림하시리니 _사 11:2

339 내 거룩한 산 모든 곳에서 해됨도 없고 상함도 없을 것이니 이는 물이 바다를 덮음같이 여호와를 아는 지식이 세상에 충만할 것임이니라 _사 11:9

340 주께서 심지가 견고한 자를 평강하고 평강하도록 지키시리니 이는 그가 주를 신뢰함이니이다 _사 26:3

341 여호와께서 자기 백성의 상처를 싸매시며 그들의 맞은 자리를 고치시는 날에는 달빛은 햇빛 같겠고 햇빛은 일곱 배가 되어 일곱 날의 빛과 같으리라 _사 30:26

342 외치는 자의 소리여 이르되 너희는 광야에서 여호와의 길을 예비하라 사막에서 우리 하나님의 대로를 평탄하게 하라 _사 40:3

337 A shoot will come up from the stump of Jesse; from his roots a Branch will bear fruit. _Isa 11:1

338 The Spirit of the LORD will rest on him—the Spirit of wisdom and of understanding, the Spirit of counsel and of might, the Spirit of the knowledge and fear of the LORD. _Isa 11:2

339 They will neither harm nor destroy on all my holy mountain, for the earth will be filled with the knowledge of the LORD as the waters cover the sea. _Isa 11:9

340 You will keep in perfect peace those whose minds are steadfast, because they trust in you. _Isa 26:3

341 The moon will shine like the sun, and the sunlight will be seven times brighter, like the light of seven full days, when the LORD binds up the bruises of his people and heals the wounds he inflicted. _Isa 30:26

342 A voice of one calling: "In the wilderness prepare the way for the LORD; make straight in the desert a highway for our God." _Isa 40:3

343 두려워하지 말라 내가 너와 함께함이라 놀라지 말라 나는 네 하나님이 됨이라 내가 너를 굳세게 하리라 참으로 너를 도와주리라 참으로 나의 의로운 오른손으로 너를 붙들리라 _사 41:10

344 내가 붙드는 나의 종, 내 마음에 기뻐하는 자 곧 내가 택한 사람을 보라 내가 나의 영을 그에게 주었은즉 그가 이방에 정의를 베풀리라 _사 42:1

345 너희는 이전 일을 기억하지 말며 옛날 일을 생각하지 말라 _사 43:18

346 이 백성은 내가 나를 위하여 지었나니 나를 찬송하게 하려 함이니라 _사 43:21

347 여인이 어찌 그 젖 먹는 자식을 잊겠으며 자기 태에서 난 아들을 긍휼히 여기지 않겠느냐 그들은 혹시 잊을지라도 나는 너를 잊지 아니할 것이라 _사 49:15

348 그는 주 앞에서 자라나기를 연한 순 같고 마른 땅에서 나온 뿌리 같아서 고운 모양도 없고 풍채도 없은즉 우리가 보기에 흠모할 만한 아름다운 것이 없도다 _사 53:2

343 So do not fear, for I am with you; do not be dismayed, for I am your God. I will strengthen you and help you; I will uphold you with my righteous right hand. _Isa 41:10

344 Here is my servant, whom I uphold, my chosen one in whom I delight; I will put my Spirit on him, and he will bring justice to the nations. _Isa 42:1

345 Forget the former things; do not dwell on the past. _Isa 43:18

346 The people I formed for myself that they may proclaim my praise. _Isa 43:21

347 Can a mother forget the baby at her breast and have no compassion on the child she has borne? Though she may forget, I will not forget you! _Isa 49:15

348 He grew up before him like a tender shoot, and like a root out of dry ground. He had no beauty or majesty to attract us to him, nothing in his appearance that we should desire him. _Isa 53:2

349 그는 실로 우리의 질고를 지고 우리의 슬픔을 당하였거늘 우리는 생각하기를 그는 징벌을 받아 하나님께 맞으며 고난을 당한다 하였노라 _사 53:4

350 그가 찔림은 우리의 허물 때문이요 그가 상함은 우리의 죄악 때문이라 그가 징계를 받으므로 우리는 평화를 누리고 그가 채찍에 맞으므로 우리는 나음을 받았도다 _사 53:5

351 우리는 다 양 같아서 그릇 행하여 각기 제 길로 갔거늘 여호와께서는 우리 모두의 죄악을 그에게 담당시키셨도다 _사 53:6

352 오호라 너희 모든 목마른 자들아 물로 나아오라 돈 없는 자도 오라 너희는 와서 사 먹되 돈 없이, 값 없이 와서 포도주와 젖을 사라 _사 55:1

353 이는 내 생각이 너희의 생각과 다르며 내 길은 너희의 길과 다름이니라 여호와의 말씀이니라 _사 55:8

354 여호와께서 이와 같이 말씀하시기를 너희는 정의를 지키며 의를 행하라 이는 나의 구원이 가까이 왔고 나의 공의가 나타날 것임이라 하셨도다 _사 56:1

349 Surely he took up our pain and bore our suffering, yet we considered him punished by God, stricken by him, and afflicted. _Isa 53:4

350 But he was pierced for our transgressions, he was crushed for our iniquities; the punishment that brought us peace was on him, and by his wounds we are healed. _Isa 53:5

351 We all, like sheep, have gone astray, each of us has turned to our own way; and the LORD has laid on him the iniquity of us all. _Isa 53:6

352 Come, all you who are thirsty, come to the waters; and you who have no money, come, buy and eat! Come, buy wine and milk without money and without cost. _Isa 55:1

353 "For my thoughts are not your thoughts, neither are your ways my ways," declares the LORD. _Isa 55:8

354 This is what the LORD says: "Maintain justice and do what is right, for my salvation is close at hand and my righteousness will soon be revealed." _Isa 56:1

355 무릇 시온에서 슬퍼하는 자에게 화관을 주어 그 재를 대신하며 기쁨의 기름으로 그 슬픔을 대신하며 찬송의 옷으로 그 근심을 대신하시고 그들이 의의 나무 곧 여호와께서 심으신 그 영광을 나타낼 자라 일컬음을 받게 하려 하심이라 _사 61:3

356 이리와 어린 양이 함께 먹을 것이며 사자가 소처럼 짚을 먹을 것이며 뱀은 흙을 양식으로 삼을 것이니 나의 성산에서는 해함도 없겠고 상함도 없으리라 여호와께서 말씀하시니라 _사 65:25

355 And provide for those who grieve in Zion—to bestow on them a crown of beauty instead of ashes, the oil of joy instead of mourning, and a garment of praise instead of a spirit of despair. They will be called oaks of righteousness, a planting of the LORD for the display of his splendor. _Isa 61:3

356 "The wolf and the lamb will feed together, and the lion will eat straw like the ox, and dust will be the serpent's food. They will neither harm nor destroy on all my holy mountain," says the LORD. _Isa 65:25

예레미야

357 보라 내가 오늘 너를 여러 나라와 여러 왕국 위에 세워 네가 그것들을 뽑고 파괴하며 파멸하고 넘어뜨리며 건설하고 심게 하였느니라 하시니라 _렘 1:10

358 내 백성이 두 가지 악을 행하였나니 곧 그들이 생수의 근원 되는 나를 버린 것과 스스로 웅덩이를 판 것인데 그것은 그 물을 가두지 못할 터진 웅덩이들이니라 _렘 2:13

359 너희는 예루살렘 거리로 빨리 다니며 그 넓은 거리에서 찾아보고 알라 너희가 만일 정의를 행하며 진리를 구하는 자를 한 사람이라도 찾으면 내가 이 성읍을 용서하리라 _렘 5:1

360 그들이 딸 내 백성의 상처를 가볍게 여기면서 말하기를 평강하다, 평강하다 하나 평강이 없도다 _렘 8:11

Jeremiah

357 See, today I appoint you over nations and kingdoms to uproot and tear down, to destroy and overthrow, to build and to plant. _Jer 1:10

358 My people have committed two sins: They have forsaken me, the spring of living water, and have dug their own cisterns, broken cisterns that cannot hold water. _Jer 2:13

359 Go up and down the streets of Jerusalem, look around and consider, search through her squares. If you can find but one person who deals honestly and seeks the truth, I will forgive this city. _Jer 5:1

360 They dress the wound of my people as though it were not serious. "Peace, peace," they say, when there is no peace. _Jer 8:11

361 그들이 가증한 일을 행할 때에 부끄러워하였느냐 아니라 조금도 부끄러워하지 않을 뿐 아니라 얼굴도 붉어지지 아니하였느니라 그러므로 그들이 엎드러질 자와 함께 엎드러질 것이라 내가 그들을 벌할 때에 그들이 거꾸러지리라 여호와의 말씀이니라 _렘 8:12

362 어찌하면 내 머리는 물이 되고 내 눈은 눈물 근원이 될꼬 죽임을 당한 딸 내 백성을 위하여 주야로 울리로다 _렘 9:1

363 여호와께서 이와 같이 말씀하시되 지혜로운 자는 그의 지혜를 자랑하지 말라 용사는 그의 용맹을 자랑하지 말라 부자는 그의 부함을 자랑하지 말라 _렘 9:23

364 자랑하는 자는 이것으로 자랑할지니 곧 명철하여 나를 아는 것과 나 여호와는 사랑과 정의와 공의를 땅에 행하는 자인 줄 깨닫는 것이라 나는 이 일을 기뻐하노라 여호와의 말씀이니라 _렘 9:24

365 구스인이 그의 피부를, 표범이 그의 반점을 변하게 할 수 있느냐 할 수 있을진대 악에 익숙한 너희도 선을 행할 수 있으리라 _렘 13:23

361 Are they ashamed of their detestable conduct? No, they have no shame at all; they do not even know how to blush. So they will fall among the fallen; they will be brought down when they are punished, says the LORD. _Jer 8:12

362 Oh, that my head were a spring of water and my eyes a fountain of tears! I would weep day and night for the slain of my people. _Jer 9:1

363 This is what the LORD says: "Let not the wise boast of their wisdom or the strong boast of their strength or the rich boast of their riches." _Jer 9:23

364 "But let the one who boasts boast about this: that they have the understanding to know me, that I am the LORD, who exercises kindness, justice and righteousness on earth, for in these I delight," declares the LORD. _Jer 9:24

365 Can an Ethiopian change his skin or a leopard its spots? Neither can you do good who are accustomed to doing evil. _Jer 13:23

366 내가 너로 이 백성 앞에 견고한 놋 성벽이 되게 하리니 그들이 너를 칠지라도 이기지 못할 것은 내가 너와 함께하여 너를 구하여 건짐이라 여호와의 말씀이니라 _렘 15:20

367 만물보다 거짓되고 심히 부패한 것은 마음이라 누가 능히 이를 알리요마는 _렘 17:9

368 여호와의 말씀이니라 이스라엘 족속아 이 토기장이가 하는 것같이 내가 능히 너희에게 행하지 못하겠느냐 이스라엘 족속아 진흙이 토기장이의 손에 있음같이 너희가 내 손에 있느니라 _렘 18:6

369 내가 다시는 여호와를 선포하지 아니하며 그의 이름으로 말하지 아니하리라 하면 나의 마음이 불붙는 것 같아서 골수에 사무치니 답답하여 견딜 수 없나이다 _렘 20:9

370 여호와의 말씀이니라 사람이 내게 보이지 아니하려고 누가 자신을 은밀한 곳에 숨길 수 있겠느냐 여호와가 말하노라 나는 천지에 충만하지 아니하냐 _렘 23:24

371 여호와의 말씀이니라 너희를 향한 나의 생각을 내가 아나니 평안이요 재앙이 아니니라 너희에게 미래와 희망을 주는 것이니라 _렘 29:11

366 "I will make you a wall to this people, a fortified wall of bronze; they will fight against you but will not overcome you, for I am with you to rescue and save you," declares the LORD. _Jer 15:20

367 The heart is deceitful above all things and beyond cure. Who can understand it? _Jer 17:9

368 He said, "Can I not do with you, Israel, as this potter does?" declares the LORD. "Like clay in the hand of the potter, so are you in my hand, Israel." _Jer 18:6

369 But if I say, "I will not mention his word or speak anymore in his name," his word is in my heart like a fire, a fire shut up in my bones. I am weary of holding it in; indeed, I cannot. _Jer 20:9

370 "Who can hide in secret places so that I cannot see them?" declares the LORD. "Do not I fill heaven and earth?" declares the LORD. _Jer 23:24

371 "For I know the plans I have for you," declares the LORD, "plans to prosper you and not to harm you, plans to give you hope and a future." _Jer 29:11

372 너희가 온 마음으로 나를 구하면 나를 찾을 것이요 나를 만나리라 _렘 29:13

373 여호와의 말씀이니라 보라 날이 이르리니 내가 이스라엘 집과 유다 집에 새 언약을 맺으리라 _렘 31:31

374 그러나 그날 후에 내가 이스라엘 집과 맺을 언약은 이러하니 곧 내가 나의 법을 그들의 속에 두며 그들의 마음에 기록하여 나는 그들의 하나님이 되고 그들은 내 백성이 될 것이라 여호와의 말씀이니라 _렘 31:33

375 일을 행하시는 여호와, 그것을 만들며 성취하시는 여호와, 그의 이름을 여호와라 하는 이가 이와 같이 이르시도다 _렘 33:2

376 너는 내게 부르짖으라 내가 네게 응답하겠고 네가 알지 못하는 크고 은밀한 일을 네게 보이리라 _렘 33:3

372 You will seek me and find me when you seek me with all your heart. _Jer 29:13

373 "The days are coming," declares the LORD, "when I will make a new covenant with the people of Israel and with the people of Judah." _Jer 31:31

374 "This is the covenant I will make with the people of Israel after that time," declares the LORD. "I will put my law in their minds and write it on their hearts. I will be their God, and they will be my people." _Jer 31:33

375 This is what the LORD says, he who made the earth, the LORD who formed it and established it— the LORD is his name. _Jer 33:2

376 Call to me and I will answer you and tell you great and unsearchable things you do not know. _Jer 33:3

예레미야애가

377 주께서 원수같이 되어 이스라엘을 삼키셨음이여 그 모든 궁궐들을 삼키셨고 견고한 성들을 무너뜨리사 딸 유다에 근심과 애통을 더하셨도다 _애 2:5

378 주께서 그의 초막을 동산처럼 헐어버리시며 그의 절기를 폐하셨도다 여호와께서 시온에서 절기와 안식일을 잊어버리게 하시며 그가 진노하사 왕과 제사장을 멸시하셨도다 _애 2:6

379 여호와의 인자와 긍휼이 무궁하시므로 우리가 진멸되지 아니함이니이다 _애 3:22

380 이것들이 아침마다 새로우니 주의 성실하심이 크시도소이다 _애 3:23

Lamentations

377 The Lord is like an enemy; he has swallowed up Israel. He has swallowed up all her palaces and destroyed her strongholds. He has multiplied mourning and lamentation for the Daughter of Judah. _La 2:5

378 He has laid waste his dwelling like a garden; he has destroyed his place of meeting. The LORD has made Zion forget her appointed festivals and her Sabbaths; in his fierce anger he has spurned both king and priest. _La 2:6

379 Because of the LORD's great love we are not consumed, for his compassions never fail. _La 3:22

380 They are new every morning; great is your faithfulness. _La 3:23

381 사람이 여호와의 구원을 바라고 잠잠히 기다림이 좋도다 _애 3:26

382 주께서 인생으로 고생하게 하시며 근심하게 하심은 본심이 아니시로다 _애 3:33

383 여호와여 우리를 주께로 돌이키소서 그리하시면 우리가 주께로 돌아가겠사오니 우리의 날들을 다시 새롭게 하사 옛적 같게 하옵소서 _애 5:21

381 It is good to wait quietly for the salvation of the LORD. _La 3:26

382 For he does not willingly bring affliction or grief to anyone. _La 3:33

383 Restore us to yourself, LORD, that we may return; renew our days as of old. _La 5:21

에스겔

384 인자야 내가 너를 이스라엘 족속의 파수꾼으로 세웠
으니 너는 내 입의 말을 듣고 나를 대신하여 그들을 깨우
치라 _겔 3:17

385 그들은 그 은을 거리에 던지며 그 금을 오물같이 여
기리니 이는 여호와 내가 진노를 내리는 날에 그들의 은과
금이 능히 그들을 건지지 못하며 능히 그 심령을 족하게
하거나 그 창자를 채우지 못하고 오직 죄악의 걸림돌이 됨
이로다 _겔 7:19

386 모든 영혼이 다 내게 속한지라 아버지의 영혼이 내게
속함같이 그의 아들의 영혼도 내게 속하였나니 범죄하는
그 영혼은 죽으리라 _겔 18:4

Ezekiel

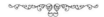

384 Son of man, I have made you a watchman for the people of Israel; so hear the word I speak and give them warning from me. _Eze 3:17

385 They will throw their silver into the streets, and their gold will be treated as a thing unclean. Their silver and gold will not be able to deliver them in the day of the LORD's wrath. It will not satisfy their hunger or fill their stomachs, for it has caused them to stumble into sin. _Eze 7:19

386 For everyone belongs to me, the parent as well as the child—both alike belong to me. The one who sins is the one who will die. _Eze 18:4

387 그러나 칼이 임함을 파수꾼이 보고도 나팔을 불지 아니하여 백성에게 경고하지 아니하므로 그중의 한 사람이 그 임하는 칼에 제거당하면 그는 자기 죄악으로 말미암아 제거되려니와 그 죄는 내가 파수꾼의 손에서 찾으리라

_겔 33:6

388 너는 그들에게 말하라 주 여호와의 말씀이니라 나의 삶을 두고 맹세하노니 나는 악인이 죽는 것을 기뻐하지 아니하고 악인이 그의 길에서 돌이켜 떠나 사는 것을 기뻐하노라 이스라엘 족속아 돌이키고 돌이키라 너희 악한 길에서 떠나라 어찌 죽고자 하느냐 하셨다 하라 _겔 33:11

389 너희가 그 연약한 자를 강하게 아니하며 병든 자를 고치지 아니하며 상한 자를 싸매주지 아니하며 쫓기는 자를 돌아오게 하지 아니하며 잃어버린 자를 찾지 아니하고 다만 포악으로 그것들을 다스렸도다 _겔 34:4

390 목자가 없으므로 그것들이 흩어지고 흩어져서 모든 들짐승의 밥이 되었도다 _겔 34:5

391 또 새 영을 너희 속에 두고 새 마음을 너희에게 주되 너희 육신에서 굳은 마음을 제거하고 부드러운 마음을 줄 것이며 _겔 36:26

387 But if the watchman sees the sword coming and does not blow the trumpet to warn the people and the sword comes and takes someone's life, that person's life will be taken because of their sin, but I will hold the watchman accountable for their blood. _Eze 33:6

388 Say to them, 'As surely as I live, declares the Sovereign LORD, I take no pleasure in the death of the wicked, but rather that they turn from their ways and live. Turn! Turn from your evil ways! Why will you die, people of Israel?' _Eze 33:11

389 You have not strengthened the weak or healed the sick or bound up the injured. You have not brought back the strays or searched for the lost. You have ruled them harshly and brutally. _Eze 34:4

390 So they were scattered because there was no shepherd, and when they were scattered they became food for all the wild animals. _Eze 34:5

391 I will give you a new heart and put a new spirit in you; I will remove from you your heart of stone and give you a heart of flesh. _Eze 36:26

392 또 내 영을 너희 속에 두어 너희로 내 율례를 행하게 하리니 너희가 내 규례를 지켜 행할지라 _겔 36:27

393 또 내게 이르시되 너는 이 모든 뼈에게 대언하여 이르기를 너희 마른 뼈들아 여호와의 말씀을 들을지어다 _겔 37:4

394 주 여호와께서 이 뼈들에게 이같이 말씀하시기를 내가 생기를 너희에게 들어가게 하리니 너희가 살아나리라 _겔 37:5

395 내 백성들아 내가 너희 무덤을 열고 너희로 거기에서 나오게 한즉 너희는 내가 여호와인 줄을 알리라 _겔 37:13

396 내 처소가 그들 가운데에 있을 것이며 나는 그들의 하나님이 되고 그들은 내 백성이 되리라 _겔 37:27

392 And I will put my Spirit in you and move you to follow my decrees and be careful to keep my laws.
_Eze 36:27

393 Then he said to me, "Prophesy to these bones and say to them, 'Dry bones, hear the word of the LORD!'" _Eze 37:4

394 This is what the Sovereign LORD says to these bones: I will make breath enter you, and you will come to life. _Eze 37:5

395 Then you, my people, will know that I am the LORD, when I open your graves and bring you up from them. _Eze 37:13

396 My dwelling place will be with them; I will be their God, and they will be my people. _Eze 37:27

다니엘

397 그는 때와 계절을 바꾸시며 왕들을 폐하시고 왕들을 세우시며 지혜자에게 지혜를 주시고 총명한 자에게 지식을 주시는도다 _단 2:21

398 그는 깊고 은밀한 일을 나타내시고 어두운 데에 있는 것을 아시며 또 빛이 그와 함께 있도다 _단 2:22

399 이 여러 왕들의 시대에 하늘의 하나님이 한 나라를 세우시리니 이것은 영원히 망하지도 아니할 것이요 그 국권이 다른 백성에게로 돌아가지도 아니할 것이요 도리어 이 모든 나라를 쳐서 멸망시키고 영원히 설 것이라 _단 2:44

400 왕이여 우리가 섬기는 하나님이 계시다면 우리를 맹렬히 타는 풀무불 가운데에서 능히 건져내시겠고 왕의 손에서도 건져내시리이다 _단 3:17

Daniel

397 He changes times and seasons; he deposes kings and raises up others. He gives wisdom to the wise and knowledge to the discerning. _Da 2:21

398 He reveals deep and hidden things; he knows what lies in darkness, and light dwells with him.
_Da 2:22

399 In the time of those kings, the God of heaven will set up a kingdom that will never be destroyed, nor will it be left to another people. It will crush all those kingdoms and bring them to an end, but it will itself endure forever. _Da 2:44

400 If we are thrown into the blazing furnace, the God we serve is able to deliver us from it, and he will deliver us from Your Majesty's hand. _Da 3:17

401 그렇게 하지 아니하실지라도 왕이여 우리가 왕의 신들을 섬기지도 아니하고 왕이 세우신 금 신상에게 절하지도 아니할 줄을 아옵소서 _단 3:18

402 다니엘이 이 조서에 왕의 도장이 찍힌 것을 알고도 자기 집에 돌아가서는 윗방에 올라가 예루살렘으로 향한 창문을 열고 전에 하던 대로 하루 세 번씩 무릎을 꿇고 기도하며 그의 하나님께 감사하였더라 _단 6:10

403 나의 하나님이여 귀를 기울여 들으시며 눈을 떠서 우리의 황폐한 상황과 주의 이름으로 일컫는 성을 보옵소서 우리가 주 앞에 간구하옵는 것은 우리의 공의를 의지하여 하는 것이 아니요 주의 큰 긍휼을 의지하여 함이니이다 _단 9:18

404 지혜 있는 자는 궁창의 빛과 같이 빛날 것이요 많은 사람을 옳은 데로 돌아오게 한 자는 별과 같이 영원토록 빛나리라 _단 12:3

401 But even if he does not, we want you to know, Your Majesty, that we will not serve your gods or worship the image of gold you have set up. _Da 3:18

402 Now when Daniel learned that the decree had been published, he went home to his upstairs room where the windows opened toward Jerusalem. Three times a day he got down on his knees and prayed, giving thanks to his God, just as he had done before. _Da 6:10

403 Give ear, our God, and hear; open your eyes and see the desolation of the city that bears your Name. We do not make requests of you because we are righteous, but because of your great mercy. _Da 9:18

404 Those who are wise will shine like the brightness of the heavens, and those who lead many to righteousness, like the stars for ever and ever. _Da 12:3

호세아

405 그날에는 내가 그들을 위하여 들짐승과 공중의 새와 땅의 곤충과 더불어 언약을 맺으며 또 이 땅에서 활과 칼을 꺾어 전쟁을 없이하고 그들로 평안히 눕게 하리라

_호 2:18

406 내가 나를 위하여 그를 이 땅에 심고 긍휼히 여김을 받지 못하였던 자를 긍휼히 여기며 내 백성 아니었던 자에게 향하여 이르기를 너는 내 백성이라 하리니 그들은 이르기를 주는 내 하나님이시라 하리라 하시니라 _호 2:23

407 내 백성이 지식이 없으므로 망하는도다 네가 지식을 버렸으니 나도 너를 버려 내 제사장이 되지 못하게 할 것이요 네가 네 하나님의 율법을 잊었으니 나도 네 자녀들을 잊어버리리라 _호 4:6

Hosea

405 In that day I will make a covenant for them with the beasts of the field, the birds in the sky and the creatures that move along the ground. Bow and sword and battle I will abolish from the land, so that all may lie down in safety. _Hos 2:18

406 I will plant her for myself in the land; I will show my love to the one I called 'Not my loved one.' I will say to those called 'Not my people,' 'You are my people'; and they will say, 'You are my God.' _Hos 2:23

407 My people are destroyed from lack of knowledge. Because you have rejected knowledge, I also reject you as my priests; because you have ignored the law of your God, I also will ignore your children. _Hos 4:6

408 오라 우리가 여호와께로 돌아가자 여호와께서 우리를 찢으셨으나 도로 낫게 하실 것이요 우리를 치셨으나 싸매어주실 것임이라 _호 6:1

409 그러므로 우리가 여호와를 알자 힘써 여호와를 알자 그의 나타나심은 새벽빛같이 어김없나니 비와 같이, 땅을 적시는 늦은 비와 같이 우리에게 임하시리라 하니라 _호 6:3

410 나는 인애를 원하고 제사를 원하지 아니하며 번제보다 하나님을 아는 것을 원하노라 _호 6:6

411 누가 지혜가 있어 이런 일을 깨달으며 누가 총명이 있어 이런 일을 알겠느냐 여호와의 도는 정직하니 의인은 그 길로 다니거니와 그러나 죄인은 그 길에 걸려 넘어지리라 _호 14:9

408 Come, let us return to the LORD. He has torn us to pieces but he will heal us; he has injured us but he will bind up our wounds. _Hos 6:1

409 Let us acknowledge the LORD; let us press on to acknowledge him. As surely as the sun rises, he will appear; he will come to us like the winter rains, like the spring rains that water the earth. _Hos 6:3

410 For I desire mercy, not sacrifice, and acknowledgment of God rather than burnt offerings. _Hos 6:6

411 Who is wise? Let them realize these things. Who is discerning? Let them understand. The ways of the LORD are right; the righteous walk in them, but the rebellious stumble in them. _Hos 14:9

요엘

412 너희는 옷을 찢지 말고 마음을 찢고 너희 하나님 여호와께로 돌아올지어다 그는 은혜로우시며 자비로우시며 노하기를 더디 하시며 인애가 크시사 뜻을 돌이켜 재앙을 내리지 아니하시나니 _욜 2:13

413 그 후에 내가 내 영을 만민에게 부어주리니 너희 자녀들이 장래 일을 말할 것이며 너희 늙은이는 꿈을 꾸며 너희 젊은이는 이상을 볼 것이며 _욜 2:28

414 여호와께서 시온에서 부르짖고 예루살렘에서 목소리를 내시리니 하늘과 땅이 진동하리로다 그러나 여호와께서 그의 백성의 피난처, 이스라엘 자손의 산성이 되시리로다 _욜 3:16

Joel

412 Rend your heart and not your garments. Return to the LORD your God, for he is gracious and compassionate, slow to anger and abounding in love, and he relents from sending calamity. _Joel 2:13

413 And afterward, I will pour out my Spirit on all people. Your sons and daughters will prophesy, your old men will dream dreams, your young men will see visions. _Joel 2:28

414 The LORD will roar from Zion and thunder from Jerusalem; the earth and the heavens will tremble. But the LORD will be a refuge for his people, a stronghold for the people of Israel. _Joel 3:16

아모스

415 여호와께서 이스라엘 족속에게 이와 같이 말씀하시기를 너희는 나를 찾으라 그리하면 살리라 _암 5:4

416 너희는 악을 미워하고 선을 사랑하며 성문에서 정의를 세울지어다 만군의 하나님 여호와께서 혹시 요셉의 남은 자를 불쌍히 여기시리라 _암 5:15

417 오직 정의를 물같이, 공의를 마르지 않는 강같이 흐르게 할지어다 _암 5:24

418 주 여호와의 말씀이니라 보라 날이 이를지라 내가 기근을 땅에 보내리니 양식이 없어 주림이 아니며 물이 없어 갈함이 아니요 여호와의 말씀을 듣지 못한 기갈이라 _암 8:11

Amos

415 This is what the LORD says to Israel: "Seek me and live." _Am 5:4

416 Hate evil, love good; maintain justice in the courts. Perhaps the LORD God Almighty will have mercy on the remnant of Joseph. _Am 5:15

417 But let justice roll on like a river, righteousness like a never-failing stream! _Am 5:24

418 "The days are coming," declares the Sovereign LORD, "when I will send a famine through the land—not a famine of food or a thirst for water, but a famine of hearing the words of the LORD." _Am 8:11

419 그날에 내가 다윗의 무너진 장막을 일으키고 그것들의 틈을 막으며 그 허물어진 것을 일으켜서 옛적과 같이 세우고 _암 9:11

420 내가 그들을 그들의 땅에 심으리니 그들이 내가 준 땅에서 다시 뽑히지 아니하리라 네 하나님 여호와의 말씀이니라 _암 9:15

419 In that day I will restore David's fallen shelter—I will repair its broken walls and restore its ruins—and will rebuild it as it used to be. _Am 9:11

420 "I will plant Israel in their own land, never again to be uprooted from the land I have given them," says the LORD your God. _Am 9:15

오바댜

421 너의 마음의 교만이 너를 속였도다 바위 틈에 거주하며 높은 곳에 사는 자여 네가 마음에 이르기를 누가 능히 나를 땅에 끌어내리겠느냐 하니 _옵 1:3

422 네가 독수리처럼 높이 오르며 별 사이에 깃들일지라도 내가 거기에서 너를 끌어내리리라 여호와의 말씀이니라 _옵 1:4

423 여호와께서 만국을 벌할 날이 가까웠나니 네가 행한 대로 너도 받을 것인즉 네가 행한 것이 네 머리로 돌아갈 것이라 _옵 1:15

Obadiah

421 The pride of your heart has deceived you, you who live in the clefts of the rocks and make your home on the heights, you who say to yourself, 'Who can bring me down to the ground?' _Ob 1:3

422 "Though you soar like the eagle and make your nest among the stars, from there I will bring you down," declares the LORD. _Ob 1:4

423 The day of the LORD is near for all nations. As you have done, it will be done to you; your deeds will return upon your own head. _Ob 1:15

요나

424　선장이 그에게 가서 이르되 자는 자여 어찌함이냐 일어나서 네 하나님께 구하라 혹시 하나님이 우리를 생각하사 망하지 아니하게 하시리라 하니라 _욘 1:6

425　이르되 내가 받는 고난으로 말미암아 여호와께 불러 아뢰었더니 주께서 내게 대답하셨고 내가 스올의 뱃속에서 부르짖었더니 주께서 내 음성을 들으셨나이다 _욘 2:2

426　내 영혼이 내 속에서 피곤할 때에 내가 여호와를 생각하였더니 내 기도가 주께 이르렀사오며 주의 성전에 미쳤나이다 _욘 2:7

427　나는 감사하는 목소리로 주께 제사를 드리며 나의 서원을 주께 갚겠나이다 구원은 여호와께 속하였나이다 _욘 2:9

Jonah

424   The captain went to him and said, "How can you sleep? Get up and call on your god! Maybe he will take notice of us so that we will not perish." _Jnh 1:6

425   He said: "In my distress I called to the LORD, and he answered me. From deep in the realm of the dead I called for help, and you listened to my cry." _Jnh 2:2

426   When my life was ebbing away, I remembered you, LORD, and my prayer rose to you, to your holy temple. _Jnh 2:7

427   But I, with shouts of grateful praise, will sacrifice to you. What I have vowed I will make good. I will say, 'Salvation comes from the LORD.' _Jnh 2:9

428 하나님이 그들이 행한 것 곧 그 악한 길에서 돌이켜 떠난 것을 보시고 하나님이 뜻을 돌이키사 그들에게 내리 리라고 말씀하신 재앙을 내리지 아니하시니라 _욘 3:10

429 여호와께 기도하여 이르되 여호와여 내가 고국에 있 을 때에 이러하겠다고 말씀하지 아니하였나이까 그러므로 내가 빨리 다시스로 도망하였사오니 주께서는 은혜로우시 며 자비로우시며 노하기를 더디 하시며 인애가 크시사 뜻 을 돌이켜 재앙을 내리지 아니하시는 하나님이신 줄을 내 가 알았음이니이다 _욘 4:2

430 여호와께서 이르시되 네가 수고도 아니하였고 재배 도 아니하였고 하룻밤에 났다가 하룻밤에 말라버린 이 박 넝쿨을 아꼈거든 _욘 4:10

431 하물며 이 큰 성읍 니느웨에는 좌우를 분변하지 못 하는 자가 십이만여 명이요 가축도 많이 있나니 내가 어찌 아끼지 아니하겠느냐 하시니라 _욘 4:11

428 When God saw what they did and how they turned from their evil ways, he relented and did not bring on them the destruction he had threatened.

_Jnh 3:10

429 He prayed to the LORD, "Isn't this what I said, LORD, when I was still at home? That is what I tried to forestall by fleeing to Tarshish. I knew that you are a gracious and compassionate God, slow to anger and abounding in love, a God who relents from sending calamity." _Jnh 4:2

430 But the LORD said, "You have been concerned about this plant, though you did not tend it or make it grow. It sprang up overnight and died overnight."

_Jnh 4:10

431 And should I not have concern for the great city of Nineveh, in which there are more than a hundred and twenty thousand people who cannot tell their right hand from their left—and also many animals?

_Jnh 4:11

미가

432 내가 또 이르노니 야곱의 우두머리들과 이스라엘 족속의 통치자들아 들으라 정의를 아는 것이 너희의 본분이 아니냐 _미 3:1

433 오직 나는 여호와의 영으로 말미암아 능력과 정의와 용기로 충만해져서 야곱의 허물과 이스라엘의 죄를 그들에게 보이리라 _미 3:8

434 곧 많은 이방 사람들이 가며 이르기를 오라 우리가 여호와의 산에 올라가서 야곱의 하나님의 전에 이르자 그가 그의 도를 가지고 우리에게 가르치실 것이니라 우리가 그의 길로 행하리라 하리니 이는 율법이 시온에서부터 나올 것이요 여호와의 말씀이 예루살렘에서부터 나올 것임이라 _미 4:2

Micah

432 Then I said, "Listen, you leaders of Jacob, you rulers of Israel. Should you not embrace justice."

_Mic 3:1

433 But as for me, I am filled with power, with the Spirit of the LORD, and with justice and might, to declare to Jacob his transgression, to Israel his sin.

_Mic 3:8

434 Many nations will come and say, "Come, let us go up to the mountain of the LORD, to the temple of the God of Jacob. He will teach us his ways, so that we may walk in his paths." The law will go out from Zion, the word of the LORD from Jerusalem. _Mic 4:2

435 만민이 각각 자기의 신의 이름을 의지하여 행하되 오직 우리는 우리 하나님 여호와의 이름을 의지하여 영원히 행하리로다 _미 4:5

436 베들레헴 에브라다야 너는 유다 족속 중에 작을지라도 이스라엘을 다스릴 자가 네게서 내게로 나올 것이라 그의 근본은 상고에, 영원에 있느니라 _미 5:2

437 내가 무엇을 가지고 여호와 앞에 나아가며 높으신 하나님께 경배할까 내가 번제물로 일 년 된 송아지를 가지고 그 앞에 나아갈까 _미 6:6

438 여호와께서 천천의 숫양이나 만만의 강물 같은 기름을 기뻐하실까 내 허물을 위하여 내 맏아들을, 내 영혼의 죄로 말미암아 내 몸의 열매를 드릴까 _미 6:7

439 사람아 주께서 선한 것이 무엇임을 네게 보이셨나니 여호와께서 네게 구하시는 것은 오직 정의를 행하며 인자를 사랑하며 겸손하게 네 하나님과 함께 행하는 것이 아니냐 _미 6:8

435 All the nations may walk in the name of their gods, but we will walk in the name of the LORD our God for ever and ever. _Mic 4:5

436 But you, Bethlehem Ephrathah, though you are small among the clans of Judah, out of you will come for me one who will be ruler over Israel, whose origins are from of old, from ancient times. _Mic 5:2

437 With what shall I come before the LORD and bow down before the exalted God? Shall I come before him with burnt offerings, with calves a year old? _Mic 6:6

438 Will the LORD be pleased with thousands of rams, with ten thousand rivers of olive oil? Shall I offer my firstborn for my transgression, the fruit of my body for the sin of my soul? _Mic 6:7

439 He has shown you, O mortal, what is good. And what does the LORD require of you? To act justly and to love mercy and to walk humbly with your God. _Mic 6:8

440 오직 나는 여호와를 우러러보며 나를 구원하시는 하나님을 바라보나니 나의 하나님이 나에게 귀를 기울이시리로다 _미 7:7

441 주와 같은 신이 어디 있으리이까 주께서는 죄악과 그 기업에 남은 자의 허물을 사유하시며 인애를 기뻐하시므로 진노를 오래 품지 아니하시나이다 _미 7:18

442 다시 우리를 불쌍히 여기셔서 우리의 죄악을 발로 밟으시고 우리의 모든 죄를 깊은 바다에 던지시리이다

_미 7:19

443 주께서 옛적에 우리 조상들에게 맹세하신 대로 야곱에게 성실을 베푸시며 아브라함에게 인애를 더하시리이다
_미 7:20

440 But as for me, I watch in hope for the LORD, I wait for God my Savior; my God will hear me. _Mic 7:7

441 Who is a God like you, who pardons sin and forgives the transgression of the remnant of his inheritance? You do not stay angry forever but delight to show mercy. _Mic 7:18

442 You will again have compassion on us; you will tread our sins underfoot and hurl all our iniquities into the depths of the sea. _Mic 7:19

443 You will be faithful to Jacob, and show love to Abraham, as you pledged on oath to our ancestors in days long ago. _Mic 7:20

나훔

444   여호와는 노하기를 더디 하시며 권능이 크시며 벌받을 자를 결코 내버려두지 아니하시느니라 여호와의 길은 회오리바람과 광풍에 있고 구름은 그의 발의 티끌이로다 _나 1:3

445   여호와는 선하시며 환난 날에 산성이시라 그는 자기에게 피하는 자들을 아시느니라 _나 1:7

446   그가 범람하는 물로 그곳을 진멸하시고 자기 대적들을 흑암으로 쫓아내시리라 _나 1:8

Nahum

444 The LORD is slow to anger but great in power; the LORD will not leave the guilty unpunished. His way is in the whirlwind and the storm, and clouds are the dust of his feet. _Na 1:3

445 The LORD is good, a refuge in times of trouble. He cares for those who trust in him. _Na 1:7

446 But with an overwhelming flood he will make an end of Nineveh; he will pursue his foes into the realm of darkness. _Na 1:8

하박국

447 주께서는 눈이 정결하시므로 악을 차마 보지 못하시며 패역을 차마 보지 못하시거늘 어찌하여 거짓된 자들을 방관하시며 악인이 자기보다 의로운 사람을 삼키는데도 잠잠하시나이까 _합 1:13

448 이 묵시는 정한 때가 있나니 그 종말이 속히 이르겠고 결코 거짓되지 아니하리라 비록 더딜지라도 기다리라 지체되지 않고 반드시 응하리라 _합 2:3

449 보라 그의 마음은 교만하며 그 속에서 정직하지 못하나 의인은 그의 믿음으로 말미암아 살리라 _합 2:4

450 이는 물이 바다를 덮음같이 여호와의 영광을 인정하는 것이 세상에 가득함이니라 _합 2:14

Habakkuk

447 Your eyes are too pure to look on evil; you cannot tolerate wrongdoing. Why then do you tolerate the treacherous? Why are you silent while the wicked swallow up those more righteous than themselves? _Hab 1:13

448 For the revelation awaits an appointed time; it speaks of the end and will not prove false. Though it linger, wait for it; it will certainly come and will not delay. _Hab 2:3

449 See, the enemy is puffed up; his desires are not upright—but the righteous person will live by his faithfulness. _Hab 2:4

450 For the earth will be filled with the knowledge of the glory of the LORD as the waters cover the sea. _Hab 2:14

451 비록 무화과나무가 무성하지 못하며 포도나무에 열매가 없으며 감람나무에 소출이 없으며 밭에 먹을 것이 없으며 우리에 양이 없으며 외양간에 소가 없을지라도

_합 3:17

452 나는 여호와로 말미암아 즐거워하며 나의 구원의 하나님으로 말미암아 기뻐하리로다 _합 3:18

451 Though the fig tree does not bud and there are no grapes on the vines, though the olive crop fails and the fields produce no food, though there are no sheep in the pen and no cattle in the stalls. _Hab 3:17

452 Yet I will rejoice in the LORD, I will be joyful in God my Savior. _Hab 3:18

스바냐

453 여호와의 큰 날이 가깝도다 가깝고도 빠르도다 여호
와의 날의 소리로다 용사가 거기서 심히 슬피 우는도다
_습 1:14

454 그날은 분노의 날이요 환난과 고통의 날이요 황폐와
패망의 날이요 캄캄하고 어두운 날이요 구름과 흑암의 날
이요 _습 1:15

455 나팔을 불어 경고하며 견고한 성읍들을 치며 높은 망
대를 치는 날이로다 _습 1:16

456 여호와의 규례를 지키는 세상의 모든 겸손한 자들아
너희는 여호와를 찾으며 공의와 겸손을 구하라 너희가 혹
시 여호와의 분노의 날에 숨김을 얻으리라 _습 2:3

Zephaniah

453 The great day of the LORD is near—near and coming quickly. The cry on the day of the LORD is bitter; the Mighty warrior shouts his battle cry.

_Zep 1:14

454 That day will be a day of wrath—a day of distress and anguish, a day of trouble and ruin, a day of darkness and gloom, a day of clouds and blackness.

_Zep 1:15

455 A day of trumpet and battle cry against the fortified cities and against the corner towers. _Zep 1:16

456 Seek the LORD, all you humble of the land, you who do what he commands. Seek righteousness, seek humility; perhaps you will be sheltered on the day of the LORD's anger. _Zep 2:3

457 나 여호와가 말하노라 그러므로 내가 일어나 벌할 날까지 너희는 나를 기다리라 내가 뜻을 정하고 나의 분노와 모든 진노를 쏟으려 여러 나라를 소집하며 왕국들을 모으리라 온 땅이 나의 질투의 불에 소멸되리라 _습 3:8

458 너의 하나님 여호와가 너의 가운데에 계시니 그는 구원을 베푸실 전능자이시라 그가 너로 말미암아 기쁨을 이기지 못하시며 너를 잠잠히 사랑하시며 너로 말미암아 즐거이 부르며 기뻐하시리라 하리라 _습 3:17

457 "Therefore wait for me," declares the LORD, "for the day I will stand up to testify. I have decided to assemble the nations, to gather the kingdoms and to pour out my wrath on them—all my fierce anger. The whole world will be consumed by the fire of my jealous anger." _Zep 3:8

458 The LORD your God is with you, the Mighty Warrior who saves. He will take great delight in you; in his love he will no longer rebuke you, but will rejoice over you with singing. _Zep 3:17

학개

459 만군의 여호와가 말하노니 너희는 자기의 행위를 살필지니라 _학 1:7

460 너희는 산에 올라가서 나무를 가져다가 성전을 건축하라 그리하면 내가 그것으로 말미암아 기뻐하고 또 영광을 얻으리라 여호와가 말하였느니라 _학 1:8

461 또한 모든 나라를 진동시킬 것이며 모든 나라의 보배가 이르리니 내가 이 성전에 영광이 충만하게 하리라 만군의 여호와의 말이니라 _학 2:7

462 이 성전의 나중 영광이 이전 영광보다 크리라 만군의 여호와의 말이니라 내가 이곳에 평강을 주리라 만군의 여호와의 말이니라 _학 2:9

Haggai

459 This is what the LORD Almighty says: "Give careful thought to your ways." _Hag 1:7

460 "Go up into the mountains and bring down timber and build the house, so that I may take pleasure in it and be honored," says the LORD. _Hag 1:8

461 'I will shake all nations, and what is desired by all nations will come, and I will fill this house with glory,' says the LORD Almighty. _Hag 2:7

462 'The glory of this present house will be greater than the glory of the former house,' says the LORD Almighty. 'And in this place I will grant peace,' declares the LORD Almighty. _Hag 2:9

스가랴

463   만군의 여호와의 말씀에 네가 만일 내 도를 행하며 내 규례를 지키면 네가 내 집을 다스릴 것이요 내 뜰을 지킬 것이며 내가 또 너로 여기 섰는 자들 가운데에 왕래하게 하리라 _슥 3:7

464   대제사장 여호수아야 너와 네 앞에 앉은 네 동료들은 내 말을 들을 것이니라 이들은 예표의 사람들이라 내가 내 종 싹을 나게 하리라 _슥 3:8

465   만군의 여호와가 말하노라 내가 너 여호수아 앞에 세운 돌을 보라 한 돌에 일곱 눈이 있느니라 내가 거기에 새길 것을 새기며 이 땅의 죄악을 하루에 제거하리라 _슥 3:9

Zechariah

463 This is what the LORD Almighty says: 'If you will walk in obedience to me and keep my requirements, then you will govern my house and have charge of my courts, and I will give you a place among these standing here.' _Zec 3:7

464 Listen, High Priest Joshua, you and your associates seated before you, who are men symbolic of things to come: I am going to bring my servant, the Branch. _Zec 3:8

465 'See, the stone I have set in front of Joshua! There are seven eyes on that one stone, and I will engrave an inscription on it,' says the LORD Almighty, 'and I will remove the sin of this land in a single day.' _Zec 3:9

466 그가 내게 대답하여 이르되 여호와께서 스룹바벨에게 하신 말씀이 이러하니라 만군의 여호와께서 말씀하시되 이는 힘으로 되지 아니하며 능력으로 되지 아니하고 오직 나의 영으로 되느니라 _슥 4:6

467 말하여 이르기를 만군의 여호와께서 이같이 말씀하시되 보라 싹이라 이름하는 사람이 자기 곳에서 돋아나서 여호와의 전을 건축하리라 _슥 6:12

468 여호와가 이같이 말하노라 내가 시온에 돌아와 예루살렘 가운데에 거하리니 예루살렘은 진리의 성읍이라 일컫겠고 만군의 여호와의 산은 성산이라 일컫게 되리라 _슥 8:3

469 시온의 딸아 크게 기뻐할지어다 예루살렘의 딸아 즐거이 부를지어다 보라 네 왕이 네게 임하시나니 그는 공의로우시며 구원을 베푸시며 겸손하여서 나귀를 타시나니 나귀의 작은 것 곧 나귀 새끼니라 _슥 9:9

466 So he said to me, "This is the word of the LORD to Zerubbabel: 'Not by might nor by power, but by my Spirit,' says the LORD Almighty." _Zec 4:6

467 Tell him this is what the LORD Almighty says: 'Here is the man whose name is the Branch, and he will branch out from his place and build the temple of the LORD.' _Zec 6:12

468 This is what the LORD says: "I will return to Zion and dwell in Jerusalem. Then Jerusalem will be called the Faithful City, and the mountain of the LORD Almighty will be called the Holy Mountain."
_Zec 8:3

469 Rejoice greatly, Daughter Zion! Shout, Daughter Jerusalem! See, your king comes to you, righteous and victorious, lowly and riding on a donkey, on a colt, the foal of a donkey. _Zec 9:9

470 내가 다윗의 집과 예루살렘 주민에게 은총과 간구하는 심령을 부어주리니 그들이 그 찌른 바 그를 바라보고 그를 위하여 애통하기를 독자를 위하여 애통하듯 하며 그를 위하여 통곡하기를 장자를 위하여 통곡하듯 하리로다

_슥 12:10

471 그날에 죄와 더러움을 씻는 샘이 다윗의 족속과 예루살렘 주민을 위하여 열리리라 _슥 13:1

472 만군의 여호와가 말하노라 칼아 깨어서 내 목자, 내 짝 된 자를 치라 목자를 치면 양이 흩어지려니와 작은 자들 위에는 내가 내 손을 드리우리라 _슥 13:7

470 And I will pour out on the house of David and the inhabitants of Jerusalem a spirit of grace and supplication. They will look on me, the one they have pierced, and they will mourn for him as one mourns for an only child, and grieve bitterly for him as one grieves for a firstborn son. _Zec 12:10

471 On that day a fountain will be opened to the house of David and the inhabitants of Jerusalem, to cleanse them from sin and impurity. _Zec 13:1

472 "Awake, sword, against my shepherd, against the man who is close to me!" declares the LORD Almighty. Strike the shepherd, and the sheep will be scattered, and I will turn my hand against the little ones. _Zec 13:7

말라기

473   그에게는 영이 충만하였으나 오직 하나를 만들지 아니하셨느냐 어찌하여 하나만 만드셨느냐 이는 경건한 자손을 얻고자 하심이라 그러므로 네 심령을 삼가 지켜 어려서 맞이한 아내에게 거짓을 행하지 말지니라 _말 2:15

474   이스라엘의 하나님 여호와가 이르노니 나는 이혼하는 것과 옷으로 학대를 가리는 자를 미워하노라 만군의 여호와의 말이니라 그러므로 너희 심령을 삼가 지켜 거짓을 행하지 말지니라 _말 2:16

475   만군의 여호와가 이르노라 보라 내가 내 사자를 보내리니 그가 내 앞에서 길을 준비할 것이요 또 너희가 구하는 바 주가 갑자기 그의 성전에 임하시리니 곧 너희가 사모하는 바 언약의 사자가 임하실 것이라 _말 3:1

Malachi

473 Has not the one God made you? You belong to him in body and spirit. And what does the one God seek? Godly offspring. So be on your guard, and do not be unfaithful to the wife of your youth. _Mal 2:15

474 "The man who hates and divorces his wife," says the LORD, the God of Israel, "does violence to the one he should protect," says the LORD Almighty. So be on your guard, and do not be unfaithful. _Mal 2:16

475 "I will send my messenger, who will prepare the way before me. Then suddenly the Lord you are seeking will come to his temple; the messenger of the covenant, whom you desire, will come," says the LORD Almighty. _Mal 3:1

476 만군의 여호와가 이르노라 너희의 온전한 십일조를 창고에 들여 나의 집에 양식이 있게 하고 그것으로 나를 시험하여 내가 하늘 문을 열고 너희에게 복을 쌓을 곳이 없도록 붓지 아니하나 보라 _말 3:10

477 내 이름을 경외하는 너희에게는 공의로운 해가 떠올라서 치료하는 광선을 비추리니 너희가 나가서 외양간에서 나온 송아지같이 뛰리라 _말 4:2

478 보라 여호와의 크고 두려운 날이 이르기 전에 내가 선지자 엘리야를 너희에게 보내리니 _말 4:5

479 그가 아버지의 마음을 자녀에게로 돌이키게 하고 자녀들의 마음을 그들의 아버지에게로 돌이키게 하리라 돌이키지 아니하면 두렵건대 내가 와서 저주로 그 땅을 칠까 하노라 하시니라 _말 4:6

476 "Bring the whole tithe into the storehouse, that there may be food in my house. Test me in this," says the LORD Almighty, "and see if I will not throw open the floodgates of heaven and pour out so much blessing that there will not be room enough to store it." _Mal 3:10

477 But for you who revere my name, the sun of righteousness will rise with healing in its rays. And you will go out and frolic like well-fed calves. _Mal 4:2

478 See, I will send the prophet Elijah to you before that great and dreadful day of the LORD comes. _Mal 4:5

479 He will turn the hearts of the parents to their children, and the hearts of the children to their parents; or else I will come and strike the land with total destruction. _Mal 4:6

마태복음

480 아브라함과 다윗의 자손 예수 그리스도의 계보라
_마 1:1

481 아들을 낳으리니 이름을 예수라 하라 이는 그가 자기 백성을 그들의 죄에서 구원할 자이심이라 하니라 _마 1:21

482 보라 처녀가 잉태하여 아들을 낳을 것이요 그의 이름은 임마누엘이라 하리라 하셨으니 이를 번역한즉 하나님이 우리와 함께 계시다 함이라 _마 1:23

483 나는 너희로 회개하게 하기 위하여 물로 세례를 베풀거니와 내 뒤에 오시는 이는 나보다 능력이 많으시니 나는 그의 신을 들기도 감당하지 못하겠노라 그는 성령과 불로 너희에게 세례를 베푸실 것이요 _마 3:11

Matthew

480 This is the genealogy of Jesus the Messiah the son of David, the son of Abraham. _Mt 1:1

481 She will give birth to a son, and you are to give him the name Jesus, because he will save his people from their sins. _Mt 1:21

482 "The virgin will conceive and give birth to a son, and they will call him Immanuel" (which means "God with us"). _Mt 1:23

483 I baptize you with water for repentance. But after me comes one who is more powerful than I, whose sandals I am not worthy to carry. He will baptize you with the Holy Spirit and fire. _Mt 3:11

484 예수께서 세례를 받으시고 곧 물에서 올라오실새 하늘이 열리고 하나님의 성령이 비둘기같이 내려 자기 위에 임하심을 보시더니 _마 3:16

485 하늘로부터 소리가 있어 말씀하시되 이는 내 사랑하는 아들이요 내 기뻐하는 자라 하시니라 _마 3:17

486 이때부터 예수께서 비로소 전파하여 이르시되 회개하라 천국이 가까이 왔느니라 하시더라 _마 4:17

487 심령이 가난한 자는 복이 있나니 천국이 그들의 것임이요 _마 5:3

488 애통하는 자는 복이 있나니 그들이 위로를 받을 것임이요 _마 5:4

489 온유한 자는 복이 있나니 그들이 땅을 기업으로 받을 것임이요 _마 5:5

490 화평하게 하는 자는 복이 있나니 그들이 하나님의 아들이라 일컬음을 받을 것임이요 _마 5:9

484 As soon as Jesus was baptized, he went up out of the water. At that moment heaven was opened, and he saw the Spirit of God descending like a dove and alighting on him. _Mt 3:16

485 And a voice from heaven said, "This is my Son, whom I love; with him I am well pleased." _Mt 3:17

486 From that time on Jesus began to preach, "Repent, for the kingdom of heaven has come near." _Mt 4:17

487 Blessed are the poor in spirit, for theirs is the kingdom of heaven. _Mt 5:3

488 Blessed are those who mourn, for they will be comforted. _Mt 5:4

489 Blessed are the meek, for they will inherit the earth. _Mt 5:5

490 Blessed are the peacemakers, for they will be called children of God. _Mt 5:9

491 너희는 세상의 소금이니 소금이 만일 그 맛을 잃으면 무엇으로 짜게 하리요 후에는 아무 쓸데없어 다만 밖에 버려져 사람에게 밟힐 뿐이니라 _마 5:13

492 내가 율법이나 선지자를 폐하러 온 줄로 생각하지 말라 폐하러 온 것이 아니요 완전하게 하려 함이라 _마 5:17

493 나는 너희에게 이르노니 너희 원수를 사랑하며 너희를 박해하는 자를 위하여 기도하라 _마 5:44

494 그러므로 하늘에 계신 너희 아버지의 온전하심과 같이 너희도 온전하라 _마 5:48

495 너는 구제할 때에 오른손이 하는 것을 왼손이 모르게 하여 _마 6:3

496 너는 기도할 때에 네 골방에 들어가 문을 닫고 은밀한 중에 계신 네 아버지께 기도하라 은밀한 중에 보시는 네 아버지께서 갚으시리라 _마 6:6

491 You are the salt of the earth. But if the salt loses its saltiness, how can it be made salty again? It is no longer good for anything, except to be thrown out and trampled underfoot. _Mt 5:13

492 Do not think that I have come to abolish the Law or the Prophets; I have not come to abolish them but to fulfill them. _Mt 5:17

493 But I tell you, love your enemies and pray for those who persecute you. _Mt 5:44

494 Be perfect, therefore, as your heavenly Father is perfect. _Mt 5:48

495 But when you give to the needy, do not let your left hand know what your right hand is doing. _Mt 6:3

496 But when you pray, go into your room, close the door and pray to your Father, who is unseen. Then your Father, who sees what is done in secret, will reward you. _Mt 6:6

497 그런즉 너희는 먼저 그의 나라와 그의 의를 구하라
그리하면 이 모든 것을 너희에게 더하시리라 _마 6:33

498 너희가 비판하는 그 비판으로 너희가 비판을 받을 것
이요 너희가 헤아리는 그 헤아림으로 너희가 헤아림을 받
을 것이니라 _마 7:2

499 구하라 그리하면 너희에게 주실 것이요 찾으라 그리
하면 찾아낼 것이요 문을 두드리라 그리하면 너희에게 열
릴 것이니 _마 7:7

500 구하는 이마다 받을 것이요 찾는 이는 찾아낼 것이요
두드리는 이에게는 열릴 것이니라 _마 7:8

501 좁은 문으로 들어가라 멸망으로 인도하는 문은 크고
그 길이 넓어 그리로 들어가는 자가 많고 _마 7:13

502 생명으로 인도하는 문은 좁고 길이 협착하여 찾는 자
가 적음이라 _마 7:14

497 But seek first his kingdom and his righteousness, and all these things will be given to you as well. _Mt 6:33

498 For in the same way you judge others, you will be judged, and with the measure you use, it will be measured to you. _Mt 7:2

499 Ask and it will be given to you; seek and you will find; knock and the door will be opened to you. _Mt 7:7

500 For everyone who asks receives; the one who seeks finds; and to the one who knocks, the door will be opened. _Mt 7:8

501 Enter through the narrow gate. For wide is the gate and broad is the road that leads to destruction, and many enter through it. _Mt 7:13

502 But small is the gate and narrow the road that leads to life, and only a few find it. _Mt 7:14

503 나더러 주여 주여 하는 자마다 다 천국에 들어갈 것이 아니요 다만 하늘에 계신 내 아버지의 뜻대로 행하는 자라야 들어가리라 _마 7:21

504 너희는 가서 내가 긍휼을 원하고 제사를 원하지 아니하노라 하신 뜻이 무엇인지 배우라 나는 의인을 부르러 온 것이 아니요 죄인을 부르러 왔노라 하시니라 _마 9:13

505 이에 제자들에게 이르시되 추수할 것은 많되 일꾼이 적으니 _마 9:37

506 그러므로 추수하는 주인에게 청하여 추수할 일꾼들을 보내주소서 하라 하시니라 _마 9:38

507 몸은 죽여도 영혼은 능히 죽이지 못하는 자들을 두려워하지 말고 오직 몸과 영혼을 능히 지옥에 멸하실 수 있는 이를 두려워하라 _마 10:28

508 수고하고 무거운 짐 진 자들아 다 내게로 오라 내가 너희를 쉬게 하리라 _마 11:28

509 나는 마음이 온유하고 겸손하니 나의 멍에를 메고 내게 배우라 그리하면 너희 마음이 쉼을 얻으리니 _마 11:29

503 Not everyone who says to me, 'Lord, Lord,' will enter the kingdom of heaven, but only the one who does the will of my Father who is in heaven. _Mt 7:21

504 But go and learn what this means: 'I desire mercy, not sacrifice.' For I have not come to call the righteous, but sinners. _Mt 9:13

505 Then he said to his disciples, "The harvest is plentiful but the workers are few." _Mt 9:37

506 Ask the Lord of the harvest, therefore, to send out workers into his harvest field. _Mt 9:38

507 Do not be afraid of those who kill the body but cannot kill the soul. Rather, be afraid of the One who can destroy both soul and body in hell. _Mt 10:28

508 Come to me, all you who are weary and burdened, and I will give you rest. _Mt 11:28

509 Take my yoke upon you and learn from me, for I am gentle and humble in heart, and you will find rest for your souls. _Mt 11:29

510　이는 내 멍에는 쉽고 내 짐은 가벼움이라 하시니라
_마 11:30

511　입에서 나오는 것들은 마음에서 나오나니 이것이야
말로 사람을 더럽게 하느니라 _마 15:18

512　시몬 베드로가 대답하여 이르되 주는 그리스도시요
살아 계신 하나님의 아들이시니이다 _마 16:16

513　또 내가 네게 이르노니 너는 베드로라 내가 이 반석
위에 내 교회를 세우리니 음부의 권세가 이기지 못하리라
_마 16:18

514　인자가 아버지의 영광으로 그 천사들과 함께 오리니
그때에 각 사람이 행한 대로 갚으리라 _마 16:27

515　말할 때에 홀연히 빛난 구름이 그들을 덮으며 구름
속에서 소리가 나서 이르시되 이는 내 사랑하는 아들이요
내 기뻐하는 자니 너희는 그의 말을 들으라 하시는지라
_마 17:5

510 For my yoke is easy and my burden is light. _Mt 11:30

511 But the things that come out of a person's mouth come from the heart, and these defile them. _Mt 15:18

512 Simon Peter answered, "You are the Messiah, the Son of the living God." _Mt 16:16

513 And I tell you that you are Peter, and on this rock I will build my church, and the gates of Hades will not overcome it. _Mt 16:18

514 For the Son of Man is going to come in his Father's glory with his angels, and then he will reward each person according to what they have done. _Mt 16:27

515 While he was still speaking, a bright cloud covered them, and a voice from the cloud said, "This is my Son, whom I love; with him I am well pleased. Listen to him!" _Mt 17:5

516 이르시되 진실로 너희에게 이르노니 너희가 돌이켜 어린아이들과 같이 되지 아니하면 결단코 천국에 들어가지 못하리라 _마 18:3

517 누구든지 나를 믿는 이 작은 자 중 하나를 실족하게 하면 차라리 연자맷돌이 그 목에 달려서 깊은 바다에 빠뜨려지는 것이 나으니라 _마 18:6

518 만일 네 손이나 네 발이 너를 범죄하게 하거든 찍어 내버리라 장애인이나 다리 저는 자로 영생에 들어가는 것이 두 손과 두 발을 가지고 영원한 불에 던져지는 것보다 나으니라 _마 18:8

519 진실로 다시 너희에게 이르노니 너희 중의 두 사람이 땅에서 합심하여 무엇이든지 구하면 하늘에 계신 내 아버지께서 그들을 위하여 이루게 하시리라 _마 18:19

520 이와 같이 나중 된 자로서 먼저 되고 먼저 된 자로서 나중 되리라 _마 20:16

516 And he said: "Truly I tell you, unless you change and become like little children, you will never enter the kingdom of heaven." _Mt 18:3

517 If anyone causes one of these little ones—those who believe in me—to stumble, it would be better for them to have a large millstone hung around their neck and to be drowned in the depths of the sea.
_Mt 18:6

518 If your hand or your foot causes you to stumble, cut it off and throw it away. It is better for you to enter life maimed or crippled than to have two hands or two feet and be thrown into eternal fire. _Mt 18:8

519 Again, truly I tell you that if two of you on earth agree about anything they ask for, it will be done for them by my Father in heaven. _Mt 18:19

520 So the last will be first, and the first will be last.
_Mt 20:16

521 그들에게 이르시되 기록된 바 내 집은 기도하는 집이라 일컬음을 받으리라 하였거늘 너희는 강도의 소굴을 만드는도다 하시니라 _마 21:13

522 너희가 기도할 때에 무엇이든지 믿고 구하는 것은 다 받으리라 하시니라 _마 21:22

523 그러나 그날과 그때는 아무도 모르나니 하늘의 천사들도, 아들도 모르고 오직 아버지만 아시느니라 _마 24:36

524 그러므로 너희는 가서 모든 민족을 제자로 삼아 아버지와 아들과 성령의 이름으로 세례를 베풀고 _마 28:19

525 내가 너희에게 분부한 모든 것을 가르쳐 지키게 하라 볼지어다 내가 세상 끝날까지 너희와 항상 함께 있으리라 하시니라 _마 28:20

521 "It is written," he said to them, "'My house will be called a house of prayer,' but you are making it 'a den of robbers.'" _Mt 21:13

522 If you believe, you will receive whatever you ask for in prayer. _Mt 21:22

523 But about that day or hour no one knows, not even the angels in heaven, nor the Son, but only the Father. _Mt 24:36

524 Therefore go and make disciples of all nations, baptizing them in the name of the Father and of the Son and of the Holy Spirit. _Mt 28:19

525 And teaching them to obey everything I have commanded you. And surely I am with you always, to the very end of the age. _Mt 28:20

마가복음

526 하나님의 아들 예수 그리스도의 복음의 시작이라
_막 1:1

527 광야에서 사십 일을 계시면서 사탄에게 시험을 받으시며 들짐승과 함께 계시니 천사들이 수종들더라 _막 1:13

528 이르시되 때가 찼고 하나님의 나라가 가까이 왔으니 회개하고 복음을 믿으라 하시더라 _막 1:15

529 또 이르시되 안식일이 사람을 위하여 있는 것이요 사람이 안식일을 위하여 있는 것이 아니니 _막 2:27

530 누구든지 하나님의 뜻대로 행하는 자가 내 형제요 자매요 어머니이니라 _막 3:35

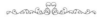

Mark

526 The beginning of the good news about Jesus the Messiah, the Son of God. _Mk 1:1

527 And he was in the wilderness forty days, being tempted by Satan. He was with the wild animals, and angels attended him. _Mk 1:13

528 "The time has come," he said. "The kingdom of God has come near. Repent and believe the good news!"_Mk 1:15

529 Then he said to them, "The Sabbath was made for man, not man for the Sabbath." _Mk 2:27

530 Whoever does God's will is my brother and sister and mother. _Mk 3:35

531 예수께서 이르시되 딸아 네 믿음이 너를 구원하였으니 평안히 가라 네 병에서 놓여 건강할지어다 _막 5:34

532 어느 곳에서든지 너희를 영접하지 아니하고 너희 말을 듣지도 아니하거든 거기서 나갈 때에 발아래 먼지를 떨어버려 그들에게 증거를 삼으라 하시니 _막 6:11

533 너희가 하나님의 계명은 버리고 사람의 전통을 지키느니라 _막 7:8

534 누구든지 자기 목숨을 구원하고자 하면 잃을 것이요 누구든지 나와 복음을 위하여 자기 목숨을 잃으면 구원하리라 _막 8:35

535 누구든지 이 음란하고 죄 많은 세대에서 나와 내 말을 부끄러워하면 인자도 아버지의 영광으로 거룩한 천사들과 함께 올 때에 그 사람을 부끄러워하리라 _막 8:38

536 낙타가 바늘귀로 나가는 것이 부자가 하나님의 나라에 들어가는 것보다 쉬우니라 하시니 _막 10:25

531 He said to her, "Daughter, your faith has healed you. Go in peace and be freed from your suffering."
_Mk 5:34

532 And if any place will not welcome you or listen to you, leave that place and shake the dust off your feet as a testimony against them. _Mk 6:11

533 You have let go of the commands of God and are holding on to human traditions. _Mk 7:8

534 For whoever wants to save their life will lose it, but whoever loses their life for me and for the gospel will save it. _Mk 8:35

535 If anyone is ashamed of me and my words in this adulterous and sinful generation, the Son of Man will be ashamed of them when he comes in his Father's glory with the holy angels. _Mk 8:38

536 It is easier for a camel to go through the eye of a needle than for someone who is rich to enter the kingdom of God. _Mk 10:25

537 인자가 온 것은 섬김을 받으려 함이 아니라 도리어 섬기려 하고 자기 목숨을 많은 사람의 대속물로 주려 함이 니라 _막 10:45

538 서서 기도할 때에 아무에게나 혐의가 있거든 용서하 라 그리하여야 하늘에 계신 너희 아버지께서도 너희 허물 을 사하여 주시리라 하시니라 _막 11:25

539 하나님은 죽은 자의 하나님이 아니요 산 자의 하나님 이시라 너희가 크게 오해하였도다 하시니라 _막 12:27

540 또 너희가 내 이름으로 말미암아 모든 사람에게 미움 을 받을 것이나 끝까지 견디는 자는 구원을 받으리라 _막 13:13

541 이르시되 이것은 많은 사람을 위하여 흘리는 나의 피 곧 언약의 피니라 _막 14:24

542 이에 성소 휘장이 위로부터 아래까지 찢어져 둘이 되 니라 _막 15:38

537 For even the Son of Man did not come to be served, but to serve, and to give his life as a ransom for many. _Mk 10:45

538 And when you stand praying, if you hold anything against anyone, forgive them, so that your Father in heaven may forgive you your sins. _Mk 11:25

539 He is not the God of the dead, but of the living. You are badly mistaken! _Mk 12:27

540 Everyone will hate you because of me, but the one who stands firm to the end will be saved.
_Mk 13:13

541 "This is my blood of the covenant, which is poured out for many," he said to them. _Mk 14:24

542 The curtain of the temple was torn in two from top to bottom. _Mk 15:38

누가복음

543 그가 또 엘리야의 심령과 능력으로 주 앞에 먼저 와서 아버지의 마음을 자식에게, 거스르는 자를 의인의 슬기에 돌아오게 하고 주를 위하여 세운 백성을 준비하리라 _눅 1:17

544 지극히 높은 곳에서는 하나님께 영광이요 땅에서는 하나님이 기뻐하신 사람들 중에 평화로다 하니라 _눅 2:14

545 이방을 비추는 빛이요 주의 백성 이스라엘의 영광이니이다 하니 _눅 2:32

546 주의 성령이 내게 임하셨으니 이는 가난한 자에게 복음을 전하게 하시려고 내게 기름을 부으시고 나를 보내사 포로 된 자에게 자유를, 눈먼 자에게 다시 보게 함을 전파하며 눌린 자를 자유롭게 하고 _눅 4:18

Luke

543 And he will go on before the Lord, in the spirit and power of Elijah, to turn the hearts of the parents to their children and the disobedient to the wisdom of the righteous—to make ready a people prepared for the Lord. _Lk 1:17

544 Glory to God in the highest heaven, and on earth peace to those on whom his favor rests. _Lk 2:14

545 A light for revelation to the Gentiles, and the glory of your people Israel. _Lk 2:32

546 The Spirit of the Lord is on me, because he has anointed me to proclaim good news to the poor. He has sent me to proclaim freedom for the prisoners and recovery of sight for the blind, to set the oppressed free. _Lk 4:18

547 주의 은혜의 해를 전파하게 하려 하심이라 하였더라
_눅 4:19

548 모든 사람이 너희를 칭찬하면 화가 있도다 그들의 조상들이 거짓 선지자들에게 이와 같이 하였느니라 _눅 6:26

549 너희를 저주하는 자를 위하여 축복하며 너희를 모욕하는 자를 위하여 기도하라 _눅 6:28

550 남에게 대접을 받고자 하는 대로 너희도 남을 대접하라 _눅 6:31

551 오직 너희는 원수를 사랑하고 선대하며 아무것도 바라지 말고 꾸어주라 그리하면 너희 상이 클 것이요 또 지극히 높으신 이의 아들이 되리니 그는 은혜를 모르는 자와 악한 자에게도 인자하시니라 _눅 6:35

552 이러므로 내가 네게 말하노니 그의 많은 죄가 사하여졌도다 이는 그의 사랑함이 많음이라 사함을 받은 일이 적은 자는 적게 사랑하느니라 _눅 7:47

547 To proclaim the year of the Lord's favor. _Lk 4:19

548 Woe to you when everyone speaks well of you, for that is how their ancestors treated the false prophets. _Lk 6:26

549 Bless those who curse you, pray for those who mistreat you. _Lk 6:28

550 Do to others as you would have them do to you. _Lk 6:31

551 But love your enemies, do good to them, and lend to them without expecting to get anything back. Then your reward will be great, and you will be children of the Most High, because he is kind to the ungrateful and wicked. _Lk 6:35

552 Therefore, I tell you, her many sins have been forgiven—as her great love has shown. But whoever has been forgiven little loves little. _Lk 7:47

553 또 무리에게 이르시되 아무든지 나를 따라오려거든 자기를 부인하고 날마다 제 십자가를 지고 나를 따를 것이니라 _눅 9:23

554 그러나 귀신들이 너희에게 항복하는 것으로 기뻐하지 말고 너희 이름이 하늘에 기록된 것으로 기뻐하라 하시니라 _눅 10:20

555 예수께서 이르시되 너희는 기도할 때에 이렇게 하라 아버지여 이름이 거룩히 여김을 받으시오며 나라가 임하시오며 _눅 11:2

556 우리에게 날마다 일용할 양식을 주시옵고 _눅 11:3

557 우리가 우리에게 죄지은 모든 사람을 용서하오니 우리 죄도 사하여 주시옵고 우리를 시험에 들게 하지 마시옵소서 하라 _눅 11:4

558 너희 소유를 팔아 구제하여 낡아지지 아니하는 배낭을 만들라 곧 하늘에 둔 바 다함 없는 보물이니 거기는 도둑도 가까이 하는 일이 없고 좀도 먹는 일이 없느니라

_눅 12:33

553 Then he said to them all: "Whoever wants to be my disciple must deny themselves and take up their cross daily and follow me." _Lk 9:23

554 However, do not rejoice that the spirits submit to you, but rejoice that your names are written in heaven. _Lk 10:20

555 He said to them, "When you pray, say: 'Father, hallowed be your name, your kingdom come.'"
_Lk 11:2

556 Give us each day our daily bread. _Lk 11:3

557 Forgive us our sins, for we also forgive everyone who sins against us. And lead us not into temptation.
_Lk 11:4

558 Sell your possessions and give to the poor. Provide purses for yourselves that will not wear out, a treasure in heaven that will never fail, where no thief comes near and no moth destroys. _Lk 12:33

559 예루살렘아 예루살렘아 선지자들을 죽이고 네게 파송된 자들을 돌로 치는 자여 암탉이 제 새끼를 날개 아래에 모음같이 내가 너희의 자녀를 모으려 한 일이 몇 번이냐 그러나 너희가 원하지 아니하였도다 _눅 13:34

560 내가 너희에게 이르노니 이와 같이 죄인 한 사람이 회개하면 하늘에서는 회개할 것 없는 의인 아흔아홉으로 말미암아 기뻐하는 것보다 더하리라 _눅 15:7

561 이 네 동생은 죽었다가 살아났으며 내가 잃었다가 얻었기로 우리가 즐거워하고 기뻐하는 것이 마땅하다 하니라 _눅 15:32

562 집 하인이 두 주인을 섬길 수 없나니 혹 이를 미워하고 저를 사랑하거나 혹 이를 중히 여기고 저를 경히 여길 것임이니라 너희는 하나님과 재물을 겸하여 섬길 수 없느니라 _눅 16:13

563 그러나 율법의 한 획이 떨어짐보다 천지가 없어짐이 쉬우리라 _눅 16:17

559 Jerusalem, Jerusalem, you who kill the prophets and stone those sent to you, how often I have longed to gather your children together, as a hen gathers her chicks under her wings, and you were not willing.

_Lk 13:34

560 I tell you that in the same way there will be more rejoicing in heaven over one sinner who repents than over ninety-nine righteous persons who do not need to repent. _Lk 15:7

561 But we had to celebrate and be glad, because this brother of yours was dead and is alive again; he was lost and is found. _Lk 15:32

562 No one can serve two masters. Either you will hate the one and love the other, or you will be devoted to the one and despise the other. You cannot serve both God and Money. _Lk 16:13

563 It is easier for heaven and earth to disappear than for the least stroke of a pen to drop out of the Law. _Lk 16:17

564 이와 같이 너희도 명령받은 것을 다 행한 후에 이르기를 우리는 무익한 종이라 우리가 하여야 할 일을 한 것뿐이라 할지니라 _눅 17:10

565 하물며 하나님께서 그 밤낮 부르짖는 택하신 자들의 원한을 풀어주지 아니하시겠느냐 그들에게 오래 참으시겠느냐 _눅 18:7

566 삭개오가 서서 주께 여짜오되 주여 보시옵소서 내 소유의 절반을 가난한 자들에게 주겠사오며 만일 누구의 것을 속여 빼앗은 일이 있으면 네 갑절이나 갚겠나이다

_눅 19:8

567 저녁 먹은 후에 잔도 그와 같이 하여 이르시되 이 잔은 내 피로 세우는 새 언약이니 곧 너희를 위하여 붓는 것이라 _눅 22:20

568 예수께서 이르시되 내가 진실로 네게 이르노니 오늘 네가 나와 함께 낙원에 있으리라 하시니라 _눅 23:43

564 So you also, when you have done everything you were told to do, should say, 'We are unworthy servants; we have only done our duty.' _Lk 17:10

565 And will not God bring about justice for his chosen ones, who cry out to him day and night? Will he keep putting them off? _Lk 18:7

566 But Zacchaeus stood up and said to the Lord, "Look, Lord! Here and now I give half of my possessions to the poor, and if I have cheated anybody out of anything, I will pay back four times the amount." _Lk 19:8

567 In the same way, after the supper he took the cup, saying, "This cup is the new covenant in my blood, which is poured out for you." _Lk 22:20

568 Jesus answered him, "Truly I tell you, today you will be with me in paradise." _Lk 23:43

요한복음

569 태초에 말씀이 계시니라 이 말씀이 하나님과 함께 계셨으니 이 말씀은 곧 하나님이시니라 _요 1:1

570 만물이 그로 말미암아 지은 바 되었으니 지은 것이 하나도 그가 없이는 된 것이 없느니라 _요 1:3

571 영접하는 자 곧 그 이름을 믿는 자들에게는 하나님의 자녀가 되는 권세를 주셨으니 _요 1:12

572 이는 혈통으로나 육정으로나 사람의 뜻으로 나지 아니하고 오직 하나님께로부터 난 자들이니라 _요 1:13

573 말씀이 육신이 되어 우리 가운데 거하시매 우리가 그의 영광을 보니 아버지의 독생자의 영광이요 은혜와 진리가 충만하더라 _요 1:14

John

569 In the beginning was the Word, and the Word was with God, and the Word was God. _Jn 1:1

570 Through him all things were made; without him nothing was made that has been made. _Jn 1:3

571 Yet to all who did receive him, to those who believed in his name, he gave the right to become children of God. _Jn 1:12

572 Children born not of natural descent, nor of human decision or a husband's will, but born of God. _Jn 1:13

573 The Word became flesh and made his dwelling among us. We have seen his glory, the glory of the One and Only Son, who came from the Father, full of grace and truth. _Jn 1:14

574 본래 하나님을 본 사람이 없으되 아버지 품 속에 있는 독생하신 하나님이 나타내셨느니라 _요 1:18

575 하나님이 세상을 이처럼 사랑하사 독생자를 주셨으니 이는 그를 믿는 자마다 멸망하지 않고 영생을 얻게 하려 하심이라 _요 3:16

576 하나님이 그 아들을 세상에 보내신 것은 세상을 심판하려 하심이 아니요 그로 말미암아 세상이 구원을 받게 하려 하심이라 _요 3:17

577 아들을 믿는 자에게는 영생이 있고 아들에게 순종하지 아니하는 자는 영생을 보지 못하고 도리어 하나님의 진노가 그 위에 머물러 있느니라 _요 3:36

578 하나님은 영이시니 예배하는 자가 영과 진리로 예배할지니라 _요 4:24

579 내가 진실로 진실로 너희에게 이르노니 내 말을 듣고 또 나 보내신 이를 믿는 자는 영생을 얻었고 심판에 이르지 아니하나니 사망에서 생명으로 옮겼느니라 _요 5:24

574 No one has ever seen God, but the one and only Son, who is himself God and is in closest relationship with the Father, has made him known. _Jn 1:18

575 For God so loved the world that he gave his one and only Son, that whoever believes in him shall not perish but have eternal life. _Jn 3:16

576 For God did not send his Son into the world to condemn the world, but to save the world through him. _Jn 3:17

577 Whoever believes in the Son has eternal life, but whoever rejects the Son will not see life, for God's wrath remains on them. _Jn 3:36

578 God is spirit, and his worshipers must worship in the Spirit and in truth. _Jn 4:24

579 Very truly I tell you, whoever hears my word and believes him who sent me has eternal life and will not be judged but has crossed over from death to life.

_Jn 5:24

580 너희가 성경에서 영생을 얻는 줄 생각하고 성경을 연구하거니와 이 성경이 곧 내게 대하여 증언하는 것이니라 _요 5:39

581 예수께서 이르시되 나는 생명의 떡이니 내게 오는 자는 결코 주리지 아니할 터이요 나를 믿는 자는 영원히 목마르지 아니하리라 _요 6:35

582 나를 믿는 자는 성경에 이름과 같이 그 배에서 생수의 강이 흘러나오리라 하시니 _요 7:38

583 예수께서 또 말씀하여 이르시되 나는 세상의 빛이니 나를 따르는 자는 어둠에 다니지 아니하고 생명의 빛을 얻으리라 _요 8:12

584 내가 문이니 누구든지 나로 말미암아 들어가면 구원을 받고 또는 들어가며 나오며 꼴을 얻으리라 _요 10:9

585 나는 선한 목자라 선한 목자는 양들을 위하여 목숨을 버리거니와 _요 10:11

580 You study the Scriptures diligently because you think that in them you have eternal life. These are the very Scriptures that testify about me. _Jn 5:39

581 Then Jesus declared, "I am the bread of life. Whoever comes to me will never go hungry, and whoever believes in me will never be thirsty." _Jn 6:35

582 Whoever believes in me, as Scripture has said, rivers of living water will flow from within them.
_Jn 7:38

583 When Jesus spoke again to the people, he said, "I am the light of the world. Whoever follows me will never walk in darkness, but will have the light of life."
_Jn 8:12

584 I am the gate; whoever enters through me will be saved. They will come in and go out, and find pasture. _Jn 10:9

585 I am the good shepherd. The good shepherd lays down his life for the sheep. _Jn 10:11

586 무릇 살아서 나를 믿는 자는 영원히 죽지 아니하리니 이것을 네가 믿느냐 _요 11:26

587 내가 진실로 진실로 너희에게 이르노니 한 알의 밀이 땅에 떨어져 죽지 아니하면 한 알 그대로 있고 죽으면 많은 열매를 맺느니라 _요 12:24

588 새 계명을 너희에게 주노니 서로 사랑하라 내가 너희를 사랑한 것같이 너희도 서로 사랑하라 _요 13:34

589 예수께서 이르시되 내가 곧 길이요 진리요 생명이니 나로 말미암지 않고는 아버지께로 올 자가 없느니라 _요 14:6

590 보혜사 곧 아버지께서 내 이름으로 보내실 성령 그가 너희에게 모든 것을 가르치고 내가 너희에게 말한 모든 것을 생각나게 하리라 _요 14:26

591 평안을 너희에게 끼치노니 곧 나의 평안을 너희에게 주노라 내가 너희에게 주는 것은 세상이 주는 것과 같지 아니하니라 너희는 마음에 근심하지도 말고 두려워하지도 말라 _요 14:27

586 And whoever lives by believing in me will never die. Do you believe this? _Jn 11:26

587 Very truly I tell you, unless a kernel of wheat falls to the ground and dies, it remains only a single seed. But if it dies, it produces many seeds. _Jn 12:24

588 A new command I give you: Love one another. As I have loved you, so you must love one another. _Jn 13:34

589 Jesus answered, "I am the way and the truth and the life. No one comes to the Father except through me." _Jn 14:6

590 But the Advocate, the Holy Spirit, whom the Father will send in my name, will teach you all things and will remind you of everything I have said to you. _Jn 14:26

591 Peace I leave with you; my peace I give you. I do not give to you as the world gives. Do not let your hearts be troubled and do not be afraid. _Jn 14:27

592 나는 포도나무요 너희는 가지라 그가 내 안에, 내가 그 안에 거하면 사람이 열매를 많이 맺나니 나를 떠나서는 너희가 아무것도 할 수 없음이라 _요 15:5

593 너희가 나를 택한 것이 아니요 내가 너희를 택하여 세웠나니 이는 너희로 가서 열매를 맺게 하고 또 너희 열매가 항상 있게 하여 내 이름으로 아버지께 무엇을 구하든지 다 받게 하려 함이라 _요 15:16

594 영생은 곧 유일하신 참 하나님과 그가 보내신 자 예수 그리스도를 아는 것이니이다 _요 17:3

595 예수께서 대답하시되 내 나라는 이 세상에 속한 것이 아니니라 만일 내 나라가 이 세상에 속한 것이었더라면 내 종들이 싸워 나로 유대인들에게 넘겨지지 않게 하였으리라 이제 내 나라는 여기에 속한 것이 아니니라 _요 18:36

596 오직 이것을 기록함은 너희로 예수께서 하나님의 아들 그리스도이심을 믿게 하려 함이요 또 너희로 믿고 그 이름을 힘입어 생명을 얻게 하려 함이니라 _요 20:31

592 I am the vine; you are the branches. If you remain in me and I in you, you will bear much fruit; apart from me you can do nothing. _Jn 15:5

593 You did not choose me, but I chose you and appointed you so that you might go and bear fruit—fruit that will last—and so that whatever you ask in my name the Father will give you. _Jn 15:16

594 Now this is eternal life: that they know you, the only true God, and Jesus Christ, whom you have sent. _Jn 17:3

595 Jesus said, "My kingdom is not of this world. If it were, my servants would fight to prevent my arrest by the Jewish leaders. But now my kingdom is from another place."_Jn 18:36

596 But these are written that you may believe that Jesus is the Messiah, the Son of God, and that by believing you may have life in his name. _Jn 20:31

597 내가 진실로 진실로 네게 이르노니 네가 젊어서는 스스로 띠 띠고 원하는 곳으로 다녔거니와 늙어서는 네 팔을 벌리리니 남이 네게 띠 띠우고 원하지 아니하는 곳으로 데려가리라 _요 21:18

597 Very truly I tell you, when you were younger you dressed yourself and went where you wanted; but when you are old you will stretch out your hands, and someone else will dress you and lead you where you do not want to go. _Jn 21:18

사도행전

598 요한은 물로 세례를 베풀었으나 너희는 몇 날이 못 되어 성령으로 세례를 받으리라 하셨느니라 _행 1:5

599 오직 성령이 너희에게 임하시면 너희가 권능을 받고 예루살렘과 온 유대와 사마리아와 땅끝까지 이르러 내 증인이 되리라 하시니라 _행 1:8

600 그런즉 이스라엘 온 집은 확실히 알지니 너희가 십자가에 못 박은 이 예수를 하나님이 주와 그리스도가 되게 하셨느니라 하니라 _행 2:36

601 베드로가 이르되 너희가 회개하여 각각 예수 그리스도의 이름으로 세례를 받고 죄 사함을 받으라 그리하면 성령의 선물을 받으리니 _행 2:38

Acts

598 For John baptized with water, but in a few days you will be baptized with the Holy Spirit. _Ac 1:5

599 But you will receive power when the Holy Spirit comes on you; and you will be my witnesses in Jerusalem, and in all Judea and Samaria, and to the ends of the earth. _Ac 1:8

600 Therefore let all Israel be assured of this: God has made this Jesus, whom you crucified, both Lord and Messiah. _Ac 2:36

601 Peter replied, "Repent and be baptized, every one of you, in the name of Jesus Christ for the forgiveness of your sins. And you will receive the gift of the Holy Spirit." _Ac 2:38

602 그러므로 너희가 회개하고 돌이켜 너희 죄 없이함을 받으라 이같이 하면 새롭게 되는 날이 주 앞으로부터 이를 것이요 _행 3:19

603 이 예수는 너희 건축자들의 버린 돌로서 집 모퉁이의 머릿돌이 되었느니라 _행 4:11

604 다른 이로써는 구원을 받을 수 없나니 천하 사람 중에 구원을 받을 만한 다른 이름을 우리에게 주신 일이 없음이라 하였더라 _행 4:12

605 베드로와 요한이 대답하여 이르되 하나님 앞에서 너희의 말을 듣는 것이 하나님의 말씀을 듣는 것보다 옳은가 판단하라 _행 4:19

606 우리는 보고 들은 것을 말하지 아니할 수 없다 하니 _행 4:20

607 하나님의 말씀이 점점 왕성하여 예루살렘에 있는 제자의 수가 더 심히 많아지고 허다한 제사장의 무리도 이 도에 복종하니라 _행 6:7

608 그들이 돌로 스데반을 치니 스데반이 부르짖어 이르되 주 예수여 내 영혼을 받으시옵소서 하고 _행 7:59

602 Repent, then, and turn to God, so that your sins may be wiped out, that times of refreshing may come from the Lord. _Ac 3:19

603 Jesus is "the stone you builders rejected, which has become the cornerstone." _Ac 4:11

604 Salvation is found in no one else, for there is no other name under heaven given to mankind by which we must be saved. _Ac 4:12

605 But Peter and John replied, "Which is right in God's eyes: to listen to you, or to him? You be the judges!" _Ac 4:19

606 As for us, we cannot help speaking about what we have seen and heard. _Ac 4:20

607 So the word of God spread. The number of disciples in Jerusalem increased rapidly, and a large number of priests became obedient to the faith. _Ac 6:7

608 While they were stoning him, Stephen prayed, "Lord Jesus, receive my spirit." _Ac 7:59

609 무릎을 꿇고 크게 불러 이르되 주여 이 죄를 그들에게 돌리지 마옵소서 이 말을 하고 자니라 _행 7:60

610 그리하여 온 유대와 갈릴리와 사마리아 교회가 평안하여 든든히 서 가고 주를 경외함과 성령의 위로로 진행하여 수가 더 많아지니라 _행 9:31

611 하나님이 나사렛 예수에게 성령과 능력을 기름붓듯 하셨으매 그가 두루 다니시며 선한 일을 행하시고 마귀에게 눌린 모든 사람을 고치셨으니 이는 하나님이 함께하셨음이라 _행 10:38

612 그들이 이 말을 듣고 잠잠하여 하나님께 영광을 돌려 이르되 그러면 하나님께서 이방인에게도 생명 얻는 회개를 주셨도다 하니라 _행 11:18

613 또 모세의 율법으로 너희가 의롭다 하심을 얻지 못하던 모든 일에도 이 사람을 힘입어 믿는 자마다 의롭다 하심을 얻는 이것이라 _행 13:39

609 Then he fell on his knees and cried out, "Lord, do not hold this sin against them." When he had said this, he fell asleep. _Ac 7:60

610 Then the church throughout Judea, Galilee and Samaria enjoyed a time of peace and was strengthened. Living in the fear of the Lord and encouraged by the Holy Spirit, it increased in numbers. _Ac 9:31

611 How God anointed Jesus of Nazareth with the Holy Spirit and power, and how he went around doing good and healing all who were under the power of the devil, because God was with him. _Ac 10:38

612 When they heard this, they had no further objections and praised God, saying, "So then, even to Gentiles God has granted repentance that leads to life." _Ac 11:18

613 Through him everyone who believes is set free from every sin, a justification you were not able to obtain under the law of Moses. _Ac 13:39

614 이르되 여러분이여 어찌하여 이러한 일을 하느냐 우리도 여러분과 같은 성정을 가진 사람이라 여러분에게 복음을 전하는 것은 이런 헛된 일을 버리고 천지와 바다와 그 가운데 만물을 지으시고 살아 계신 하나님께로 돌아오게 함이라 _행 14:15

615 우상의 제물과 피와 목매어 죽인 것과 음행을 멀리할지니라 이에 스스로 삼가면 잘되리라 평안함을 원하노라 하였더라 _행 15:29

616 이르되 주 예수를 믿으라 그리하면 너와 네 집이 구원을 받으리라 하고 _행 16:31

617 내가 달려갈 길과 주 예수께 받은 사명 곧 하나님의 은혜의 복음을 증언하는 일을 마치려 함에는 나의 생명조차 조금도 귀한 것으로 여기지 아니하노라 _행 20:24

618 지금 내가 여러분을 주와 및 그 은혜의 말씀에 부탁하노니 그 말씀이 여러분을 능히 든든히 세우사 거룩하게 하심을 입은 모든 자 가운데 기업이 있게 하시리라 _행 20:32

614 Friends, why are you doing this? We too are only human, like you. We are bringing you good news, telling you to turn from these worthless things to the living God, who made the heavens and the earth and the sea and everything in them. _Ac 14:15

615 You are to abstain from food sacrificed to idols, from blood, from the meat of strangled animals and from sexual immorality. You will do well to avoid these things. Farewell. _Ac 15:29

616 They replied, "Believe in the Lord Jesus, and you will be saved—you and your household." _Ac 16:31

617 However, I consider my life worth nothing to me; my only aim is to finish the race and complete the task the Lord Jesus has given me—the task of testifying to the good news of God's grace. _Ac 20:24

618 Now I commit you to God and to the word of his grace, which can build you up and give you an inheritance among all those who are sanctified.

_Ac 20:32

로마서

619 내가 복음을 부끄러워하지 아니하노니 이 복음은 모든 믿는 자에게 구원을 주시는 하나님의 능력이 됨이라 먼저는 유대인에게요 그리고 헬라인에게로다 _롬 1:16

620 복음에는 하나님의 의가 나타나서 믿음으로 믿음에 이르게 하나니 기록된 바 오직 의인은 믿음으로 말미암아 살리라 함과 같으니라 _롬 1:17

621 창세로부터 그의 보이지 아니하는 것들 곧 그의 영원하신 능력과 신성이 그가 만드신 만물에 분명히 보여 알려졌나니 그러므로 그들이 핑계하지 못할지니라 _롬 1:20

Romans

619 For I am not ashamed of the gospel, because it is the power of God that brings salvation of everyone who believes: first to the Jew, then to the Gentile.
_Ro 1:16

620 For in the gospel the righteousness of God is revealed—a righteousness that is by faith from first to last, just as it is written: "The righteous will live by faith." _Ro 1:17

621 For since the creation of the world God's invisible qualities—his eternal power and divine nature—have been clearly seen, being understood from what has been made, so that people are without excuse. _Ro 1:20

622 하나님을 알되 하나님을 영화롭게도 아니하며 감사하지도 아니하고 오히려 그 생각이 허망하여지며 미련한 마음이 어두워졌나니 _롬 1:21

623 그러므로 율법의 행위로 그의 앞에 의롭다 하심을 얻을 육체가 없나니 율법으로는 죄를 깨달음이니라 _롬 3:20

624 이제는 율법 외에 하나님의 한 의가 나타났으니 율법과 선지자들에게 증거를 받은 것이라 _롬 3:21

625 모든 사람이 죄를 범하였으매 하나님의 영광에 이르지 못하더니 _롬 3:23

626 그리스도 예수 안에 있는 속량으로 말미암아 하나님의 은혜로 값 없이 의롭다 하심을 얻은 자 되었느니라 _롬 3:24

627 그러므로 사람이 의롭다 하심을 얻는 것은 율법의 행위에 있지 않고 믿음으로 되는 줄 우리가 인정하노라 _롬 3:28

622 For although they knew God, they neither glorified him as God nor gave thanks to him, but their thinking became futile and their foolish hearts were darkened. _Ro 1:21

623 Therefore no one will be declared righteous in God's sight by the works of the law; rather, through the law we become conscious of our sin. _Ro 3:20

624 But now apart from the law the righteousness of God has been made known, to which the Law and the Prophets testify. _Ro 3:21

625 For all have sinned and fall short of the glory of God. _Ro 3:23

626 And all are justified freely by his grace through the redemption that came by Christ Jesus. _Ro 3:24

627 For we maintain that a person is justified by faith apart from the works of the law. _Ro 3:28

628 예수는 우리가 범죄한 것 때문에 내줌이 되고 또한 우리를 의롭다 하시기 위하여 살아나셨느니라 _롬 4:25

629 그러므로 우리가 믿음으로 의롭다 하심을 받았으니 우리 주 예수 그리스도로 말미암아 하나님과 화평을 누리자 _롬 5:1

630 우리가 아직 죄인 되었을 때에 그리스도께서 우리를 위하여 죽으심으로 하나님께서 우리에 대한 자기의 사랑을 확증하셨느니라 _롬 5:8

631 한 사람이 순종하지 아니함으로 많은 사람이 죄인 된 것같이 한 사람이 순종하심으로 많은 사람이 의인이 되리라 _롬 5:19

632 그가 죽으심은 죄에 대하여 단번에 죽으심이요 그가 살아 계심은 하나님께 대하여 살아 계심이니 _롬 6:10

633 또한 너희 지체를 불의의 무기로 죄에게 내주지 말고 오직 너희 자신을 죽은 자 가운데서 다시 살아난 자같이 하나님께 드리며 너희 지체를 의의 무기로 하나님께 드리라 _롬 6:13

628 He was delivered over to death for our sins and was raised to life for our justification. _Ro 4:25

629 Therefore, since we have been justified through faith, we have peace with God through our Lord Jesus Christ. _Ro 5:1

630 But God demonstrates his own love for us in this: While we were still sinners, Christ died for us. _Ro 5:8

631 For just as through the disobedience of the one man the many were made sinners, so also through the obedience of the one man the many will be made righteous. _Ro 5:19

632 The death he died, he died to sin once for all; but the life he lives, he lives to God. _Ro 6:10

633 Do not offer any part of yourself to sin as an instrument of wickedness, but rather offer yourselves to God as those who have been brought from death to life; and offer every part of yourself to him as an instrument of righteousness. _Ro 6:13

634 우리 주 예수 그리스도로 말미암아 하나님께 감사하리로다 그런즉 내 자신이 마음으로는 하나님의 법을 육신으로는 죄의 법을 섬기노라 _롬 7:25

635 그러므로 이제 그리스도 예수 안에 있는 자에게는 결코 정죄함이 없나니 _롬 8:1

636 이는 그리스도 예수 안에 있는 생명의 성령의 법이 죄와 사망의 법에서 너를 해방하였음이라 _롬 8:2

637 만일 너희 속에 하나님의 영이 거하시면 너희가 육신에 있지 아니하고 영에 있나니 누구든지 그리스도의 영이 없으면 그리스도의 사람이 아니라 _롬 8:9

638 너희는 다시 무서워하는 종의 영을 받지 아니하고 양자의 영을 받았으므로 우리가 아빠 아버지라고 부르짖느니라 _롬 8:15

634 Thanks be to God, who delivers me through Jesus Christ our Lord! So then, I myself in my mind am a slave to God's law, but in my sinful nature a slave to the law of sin. _Ro 7:25

635 Therefore, there is now no condemnation for those who are in Christ Jesus. _Ro 8:1

636 Because through Christ Jesus the law of the Spirit who gives life has set you free from the law of sin and death. _Ro 8:2

637 You, however, are not in the realm of the flesh but are in the realm of the Spirit, if indeed the Spirit of God lives in you. And if anyone does not have the Spirit of Christ, they do not belong to Christ. _Ro 8:9

638 The Spirit you received does not make you slaves, so that you live in fear again; rather, the Spirit you received brought about your adoption to sonship. And by him we cry, "Abba, Father." _Ro 8:15

639 이와 같이 성령도 우리의 연약함을 도우시나니 우리는 마땅히 기도할 바를 알지 못하나 오직 성령이 말할 수 없는 탄식으로 우리를 위하여 친히 간구하시느니라
_롬 8:26

640 우리가 알거니와 하나님을 사랑하는 자 곧 그의 뜻대로 부르심을 입은 자들에게는 모든 것이 합력하여 선을 이루느니라 _롬 8:28

641 하나님이 미리 아신 자들을 또한 그 아들의 형상을 본받게 하기 위하여 미리 정하셨으니 이는 그로 많은 형제 중에서 맏아들이 되게 하려 하심이니라 _롬 8:29

642 또 미리 정하신 그들을 또한 부르시고 부르신 그들을 또한 의롭다 하시고 의롭다 하신 그들을 또한 영화롭게 하셨느니라 _롬 8:30

643 누가 우리를 그리스도의 사랑에서 끊으리요 환난이나 곤고나 박해나 기근이나 적신이나 위험이나 칼이랴
_롬 8:35

644 그리스도는 모든 믿는 자에게 의를 이루기 위하여 율법의 마침이 되시니라 _롬 10:4

639 In the same way, the Spirit helps us in our weakness. We do not know what we ought to pray for, but the Spirit himself intercedes for us through wordlesss groans.
_Ro 8:26

640 And we know that in all things God works for the good of those who love him, who have been called according to his purpose. _Ro 8:28

641 For those God foreknew he also predestined to be conformed to the image of his Son, that he might be the firstborn among many brothers and sisters.
_Ro 8:29

642 And those he predestined, he also called; those he called, he also justified; those he justified, he also glorified. _Ro 8:30

643 Who shall separate us from the love of Christ? Shall trouble or hardship or persecution or famine or nakedness or danger or sword? _Ro 8:35

644 Christ is the culmination of the law so that there may be righteousness for everyone who believes.
_Ro 10:4

645 네가 만일 네 입으로 예수를 주로 시인하며 또 하나님께서 그를 죽은 자 가운데서 살리신 것을 네 마음에 믿으면 구원을 받으리라 _롬 10:9

646 그러므로 믿음은 들음에서 나며 들음은 그리스도의 말씀으로 말미암았느니라 _롬 10:17

647 이는 만물이 주에게서 나오고 주로 말미암고 주에게로 돌아감이라 그에게 영광이 세세에 있을지어다 아멘 _롬 11:36

648 그러므로 형제들아 내가 하나님의 모든 자비하심으로 너희를 권하노니 너희 몸을 하나님이 기뻐하시는 거룩한 산 제물로 드리라 이는 너희가 드릴 영적 예배니라 _롬 12:1

649 너희는 이 세대를 본받지 말고 오직 마음을 새롭게 함으로 변화를 받아 하나님의 선하시고 기뻐하시고 온전하신 뜻이 무엇인지 분별하도록 하라 _롬 12:2

650 성도들의 쓸 것을 공급하며 손 대접하기를 힘쓰라 _롬 12:13

645 If you declare with your mouth, "Jesus is Lord," and believe in your heart that God raised him from the dead, you will be saved. _Ro 10:9

646 Consequently, faith comes from hearing the message, and the message is heard through the word about Christ. _Ro 10:17

647 For from him and through him and for him are all things. To him be the glory forever! Amen.
_Ro 11:36

648 Therefore, I urge you, brothers and sisters, in view of God's mercy, to offer your bodies as a living sacrifice, holy and pleasing to God—this is your true and proper worship. _Ro 12:1

649 Do not conform to the pattern of this world, but be transformed by the renewing of your mind. Then you will be able to test and approve what God's will is—his good, pleasing and perfect will. _Ro 12:2

650 Share with the Lord's people who are in need. Practice hospitality. _Ro 12:13

651 서로 마음을 같이하며 높은 데 마음을 두지 말고 도리어 낮은 데 처하며 스스로 지혜 있는 체하지 말라 _롬 12:16

652 할 수 있거든 너희로서는 모든 사람과 더불어 화목하라 _롬 12:18

653 사랑은 이웃에게 악을 행하지 아니하나니 그러므로 사랑은 율법의 완성이니라 _롬 13:10

654 오직 주 예수 그리스도로 옷 입고 정욕을 위하여 육신의 일을 도모하지 말라 _롬 13:14

655 우리가 살아도 주를 위하여 살고 죽어도 주를 위하여 죽나니 그러므로 사나 죽으나 우리가 주의 것이로다 _롬 14:8

656 하나님의 나라는 먹는 것과 마시는 것이 아니요 오직 성령 안에 있는 의와 평강과 희락이라 _롬 14:17

657 소망의 하나님이 모든 기쁨과 평강을 믿음 안에서 너희에게 충만하게 하사 성령의 능력으로 소망이 넘치게 하시기를 원하노라 _롬 15:13

651 Live in harmony with one another. Do not be proud, but be willing to associate with people of low position. Do not be conceited. _Ro 12:16

652 If it is possible, as far as it depends on you, live at peace with everyone. _Ro 12:18

653 Love does no harm to a neighbor. Therefore love is the fulfillment of the law. _Ro 13:10

654 Rather, clothe yourselves with the Lord Jesus Christ, and do not think about how to gratify the desires of the flesh. _Ro 13:14

655 If we live, we live for the Lord; and if we die, we die for the Lord. So, whether we live or die, we belong to the Lord. _Ro 14:8

656 For the kingdom of God is not a matter of eating and drinking, but of righteousness, peace and joy in the Holy Spirit. _Ro 14:17

657 May the God of hope fill you with all joy and peace as you trust in him, so that you may overflow with hope by the power of the Holy Spirit. _Ro 15:13

고린도전서

658 그리스도께서 나를 보내심은 세례를 베풀게 하려 하심이 아니요 오직 복음을 전하게 하려 하심이로되 말의 지혜로 하지 아니함은 그리스도의 십자가가 헛되지 않게 하려 함이라 _고전 1:17

659 십자가의 도가 멸망하는 자들에게는 미련한 것이요 구원을 받는 우리에게는 하나님의 능력이라 _고전 1:18

660 하나님의 지혜에 있어서는 이 세상이 자기 지혜로 하나님을 알지 못하므로 하나님께서 전도의 미련한 것으로 믿는 자들을 구원하시기를 기뻐하셨도다 _고전 1:21

661 우리는 십자가에 못 박힌 그리스도를 전하니 유대인에게는 거리끼는 것이요 이방인에게는 미련한 것이로되
_고전 1:23

1 Corinthians

658 For Christ did not send me to baptize, but to preach the gospel—not with wisdom and eloquence, lest the cross of Christ be emptied of its power.

_1Co 1:17

659 For the message of the cross is foolishness to those who are perishing, but to us who are being saved it is the power of God. _1Co 1:18

660 For since in the wisdom of God the world through its wisdom did not know him, God was pleased through the foolishness of what was preached to save those who believe. _1Co 1:21

661 But we preach Christ crucified: a stumbling block to Jews and foolishness to Gentiles. _1Co 1:23

662 오직 부르심을 받은 자들에게는 유대인이나 헬라인이나 그리스도는 하나님의 능력이요 하나님의 지혜니라 _고전 1:24

663 내가 너희 중에서 예수 그리스도와 그가 십자가에 못 박히신 것 외에는 아무것도 알지 아니하기로 작정하였음이라 _고전 2:2

664 오직 하나님이 성령으로 이것을 우리에게 보이셨으니 성령은 모든 것 곧 하나님의 깊은 것까지도 통달하시느니라 _고전 2:10

665 너희는 너희가 하나님의 성전인 것과 하나님의 성령이 너희 안에 계시는 것을 알지 못하느냐 _고전 3:16

666 사람이 마땅히 우리를 그리스도의 일꾼이요 하나님의 비밀을 맡은 자로 여길지어다 _고전 4:1

667 음행을 피하라 사람이 범하는 죄마다 몸 밖에 있거니와 음행하는 자는 자기 몸에 죄를 범하느니라 _고전 6:18

662 But to those whom God has called, both Jews and Greeks, Christ the power of God and the wisdom of God. _1Co 1:24

663 For I resolved to know nothing while I was with you except Jesus Christ and him crucified. _1Co 2:2

664 These are the things God has revealed to us by his Spirit. The Spirit searches all things, even the deep things of God. _1Co 2:10

665 Don't you know that you yourselves are God's temple and that God's Spirit dwells in your midst?
_1Co 3:16

666 This, then, is how you ought to regard us: as servants of Christ and as those entrusted with the mysteries God has revealed. _1Co 4:1

667 Flee from sexual immorality. All other sins a person commits are outside the body, but whoever sins sexually, sins against their own body. _1Co 6:18

668 그런즉 너희의 자유가 믿음이 약한 자들에게 걸려 넘어지게 하는 것이 되지 않도록 조심하라 _고전 8:9

669 내가 복음을 전할지라도 자랑할 것이 없음은 내가 부득불 할 일임이라 만일 복음을 전하지 아니하면 내게 화가 있을 것이로다 _고전 9:16

670 그런즉 선 줄로 생각하는 자는 넘어질까 조심하라 _고전 10:12

671 사람이 감당할 시험밖에는 너희가 당한 것이 없나니 오직 하나님은 미쁘사 너희가 감당하지 못할 시험당함을 허락하지 아니하시고 시험당할 즈음에 또한 피할 길을 내사 너희로 능히 감당하게 하시느니라 _고전 10:13

672 그런즉 너희가 먹든지 마시든지 무엇을 하든지 다 하나님의 영광을 위하여 하라 _고전 10:31

673 나와 같이 모든 일에 모든 사람을 기쁘게 하여 자신의 유익을 구하지 아니하고 많은 사람의 유익을 구하여 그들로 구원을 받게 하라 _고전 10:33

668 Be careful, however, that the exercise of your rights does not become a stumbling block to the weak. _1Co 8:9

669 For when I preach the gospel, I cannot boast, since I am compelled to preach. Woe to me if I do not preach the gospel! _1Co 9:16

670 So, if you think you are standing firm, be careful that you don't fall! _1Co 10:12

671 No temptation has overtaken you except what is common to mankind. And God is faithful; he will not let you be tempted beyond what you can bear. But when you are tempted, he will also provide a way out so that you can endure it. _1Co 10:13

672 So whether you eat or drink or whatever you do, do it all for the glory of God. _1Co 10:31

673 Even as I try to please everyone in every way. For I am not seeking my own good but the good of many, so that they may be saved. _1Co 10:33

674 그러므로 내가 너희에게 알리노니 하나님의 영으로 말하는 자는 누구든지 예수를 저주할 자라 하지 아니하고 또 성령으로 아니하고는 누구든지 예수를 주시라 할 수 없느니라 _고전 12:3

675 우리가 유대인이나 헬라인이나 종이나 자유인이나 다 한 성령으로 세례를 받아 한 몸이 되었고 또 다 한 성령을 마시게 하셨느니라 _고전 12:13

676 내가 예언하는 능력이 있어 모든 비밀과 모든 지식을 알고 또 산을 옮길 만한 모든 믿음이 있을지라도 사랑이 없으면 내가 아무것도 아니요 _고전 13:2

677 내가 내게 있는 모든 것으로 구제하고 또 내 몸을 불사르게 내줄지라도 사랑이 없으면 내게 아무 유익이 없느니라 _고전 13:3

678 사랑은 오래 참고 사랑은 온유하며 시기하지 아니하며 사랑은 자랑하지 아니하며 교만하지 아니하며 _고전 13:4

679 무례히 행하지 아니하며 자기의 유익을 구하지 아니하며 성내지 아니하며 악한 것을 생각하지 아니하며

_고전 13:5

674 Therefore I want you to know that no one who is speaking by the Spirit of God says, "Jesus be cursed," and no one can say, "Jesus is Lord," except by the Holy Spirit. _1Co 12:3

675 For we were all baptized by one Spirit so as to form one body—whether Jews or Gentiles, slave or free—and we were all given the one Spirit to drink. _1Co 12:13

676 If I have the gift of prophecy and can fathom all mysteries and all knowledge, and if I have a faith that can move mountains, but do not have love, I am nothing. _1Co 13:2

677 If I give all I possess to the poor and give over my body to hardship that I may boast, but do not have love, I gain nothing. _1Co 13:3

678 Love is patient, love is kind. It does not envy, it does not boast, it is not proud. _1Co 13:4

679 It does not dishonor others, it is not self-seeking, it is not easily angered, it keeps no record of wrongs. _1Co 13:5

680 불의를 기뻐하지 아니하며 진리와 함께 기뻐하고

_고전 13:6

681 모든 것을 참으며 모든 것을 믿으며 모든 것을 바라며 모든 것을 견디느니라 _고전 13:7

682 그런즉 믿음, 소망, 사랑, 이 세 가지는 항상 있을 것인데 그중의 제일은 사랑이라 _고전 13:13

683 그러나 내가 나 된 것은 하나님의 은혜로 된 것이니 내게 주신 그의 은혜가 헛되지 아니하여 내가 모든 사도보다 더 많이 수고하였으나 내가 한 것이 아니요 오직 나와 함께하신 하나님의 은혜로라 _고전 15:10

684 그러므로 내 사랑하는 형제들아 견실하며 흔들리지 말고 항상 주의 일에 더욱 힘쓰는 자들이 되라 이는 너희 수고가 주 안에서 헛되지 않은 줄 앎이라 _고전 15:58

680 Love does not delight in evil but rejoices with the truth. _1Co 13:6

681 It always protects, always trusts, always hopes, always perseveres. _1Co 13:7

682 And now these three remain: faith, hope and love. But the greatest of these is love. _1Co 13:13

683 But by the grace of God I am what I am, and his grace to me was not without effect. No, I worked harder than all of them—yet not I, but the grace of God that was with me. _1Co 15:10

684 Therefore, my dear brothers and sisters, stand firm. Let nothing move you. Always give yourselves fully to the work of the Lord, because you know that your labor in the Lord is not in vain. _1Co 15:58

고린도후서

685 항상 우리를 그리스도 안에서 이기게 하시고 우리로 말미암아 각처에서 그리스도를 아는 냄새를 나타내시는 하나님께 감사하노라 _고후 2:14

686 우리는 수많은 사람들처럼 하나님의 말씀을 혼잡하게 하지 아니하고 곧 순전함으로 하나님께 받은 것같이 하나님 앞에서와 그리스도 안에서 말하노라 _고후 2:17

687 너희는 우리로 말미암아 나타난 그리스도의 편지니 이는 먹으로 쓴 것이 아니요 오직 살아 계신 하나님의 영으로 쓴 것이며 또 돌판에 쓴 것이 아니요 오직 육의 마음판에 쓴 것이라 _고후 3:3

688 주는 영이시니 주의 영이 계신 곳에는 자유가 있느니라 _고후 3:17

2 Corinthians

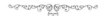

685 But thanks be to God, who always leads us as captives in Christ's triumphal procession and uses us to spread the aroma of the knowledge of him everywhere. _2Co 2:14

686 Unlike so many, we do not peddle the word of God for profit. On the contrary, in Christ we speak before God with sincerity, as those sent from God. _2Co 2:17

687 You show that you are a letter from Christ, the result of our ministry, written not with ink but with the Spirit of the living God, not on tablets of stone but on tablets of human hearts. _2Co 3:3

688 Now the Lord is the Spirit, and where the Spirit of the Lord is, there is freedom. _2Co 3:17

689 어두운 데에 빛이 비치라 말씀하셨던 그 하나님께서 예수 그리스도의 얼굴에 있는 하나님의 영광을 아는 빛을 우리 마음에 비추셨느니라 _고후 4:6

690 그러므로 우리가 낙심하지 아니하노니 우리의 겉사람은 낡아지나 우리의 속사람은 날로 새로워지도다

_고후 4:16

691 그가 모든 사람을 대신하여 죽으심은 살아있는 자들로 하여금 다시는 그들 자신을 위하여 살지 않고 오직 그들을 대신하여 죽었다가 다시 살아나신 이를 위하여 살게 하려 함이라 _고후 5:15

692 그런즉 누구든지 그리스도 안에 있으면 새로운 피조물이라 이전 것은 지나갔으니 보라 새것이 되었도다

_고후 5:17

693 모든 것이 하나님께로서 났으며 그가 그리스도로 말미암아 우리를 자기와 화목하게 하시고 또 우리에게 화목하게 하는 직분을 주셨으니 _고후 5:18

694 하나님이 죄를 알지도 못하신 이를 우리를 대신하여 죄로 삼으신 것은 우리로 하여금 그 안에서 하나님의 의가 되게 하려 하심이라 _고후 5:21

689   For God, who said, "Let light shine out of darkness," made his light shine in our hearts to give us the light of the knowledge of God's glory displayed in the face of Christ. _2Co 4:6

690   Therefore we do not lose heart. Though outwardly we are wasting away, yet inwardly we are being renewed day by day. _2Co 4:16

691   And he died for all, that those who live should no longer live for themselves but for him who died for them and was raised again. _2Co 5:15

692   Therefore, if anyone is in Christ, the new creation has come: The old has gone, the new is here! _2Co 5:17

693   All this is from God, who reconciled us to himself through Christ and gave us the ministry of reconciliation. _2Co 5:18

694   God made him who had no sin to be sin for us, so that in him we might become the righteousness of God. _2Co 5:21

695 그런즉 사랑하는 자들아 이 약속을 가진 우리는 하나님을 두려워하는 가운데서 거룩함을 온전히 이루어 육과 영의 온갖 더러운 것에서 자신을 깨끗하게 하자 _고후 7:1

696 하나님의 뜻대로 하는 근심은 후회할 것이 없는 구원에 이르게 하는 회개를 이루는 것이요 세상 근심은 사망을 이루는 것이니라 _고후 7:10

697 각각 그 마음에 정한 대로 할 것이요 인색함으로나 억지로 하지 말지니 하나님은 즐겨 내는 자를 사랑하시느니라 _고후 9:7

698 우리의 싸우는 무기는 육신에 속한 것이 아니요 오직 어떤 견고한 진도 무너뜨리는 하나님의 능력이라 모든 이론을 무너뜨리며 _고후 10:4

699 자랑하는 자는 주 안에서 자랑할지니라 _고후 10:17

700 옳다 인정함을 받는 자는 자기를 칭찬하는 자가 아니요 오직 주께서 칭찬하시는 자니라 _고후 10:18

695 Therefore, since we have these promises, dear friends, let us purify ourselves from everything that contaminates body and spirit, perfecting holiness out of reverence for God. _2Co 7:1

696 Godly sorrow brings repentance that leads to salvation and leaves no regret, but worldly sorrow brings death. _2Co 7:10

697 Each of you should give what you have decided in your heart to give, not reluctantly or under compulsion, for God loves a cheerful giver. _2Co 9:7

698 The weapons we fight with are not the weapons of the world. On the contrary, they have divine power to demolish strongholds. _2Co 10:4

699 But, "Let the one who boasts boast in the Lord." _2Co 10:17

700 For it is not the one who commends himself who is approved, but the one whom the Lord commends. _2Co 10:18

701   너희는 믿음 안에 있는가 너희 자신을 시험하고 너희 자신을 확증하라 예수 그리스도께서 너희 안에 계신 줄을 너희가 스스로 알지 못하느냐 그렇지 않으면 너희는 버림 받은 자니라 _고후 13:5

702   주 예수 그리스도의 은혜와 하나님의 사랑과 성령의 교통하심이 너희 무리와 함께 있을지어다 _고후 13:13

701 Examine yourselves to see whether you are in the faith; test yourselves. Do you not realize that Christ Jesus is in you—unless, of course, you fail the test? _2Co 13:5

702 May the grace of the Lord Jesus Christ, and the love of God, and the fellowship of the Holy Spirit be with you all. _2Co 13:13

갈라디아서

703 이제 내가 사람들에게 좋게 하랴 하나님께 좋게 하랴 사람들에게 기쁨을 구하랴 내가 지금까지 사람들의 기쁨을 구하였다면 그리스도의 종이 아니니라 _갈 1:10

704 사람이 의롭게 되는 것은 율법의 행위로 말미암음이 아니요 오직 예수 그리스도를 믿음으로 말미암는 줄 알므로 우리도 그리스도 예수를 믿나니 이는 우리가 율법의 행위로써가 아니고 그리스도를 믿음으로써 의롭다 함을 얻으려 함이라 율법의 행위로써는 의롭다 함을 얻을 육체가 없느니라 _갈 2:16

705 내가 그리스도와 함께 십자가에 못 박혔나니 그런즉 이제는 내가 사는 것이 아니요 오직 내 안에 그리스도께서 사시는 것이라 이제 내가 육체 가운데 사는 것은 나를 사랑하사 나를 위하여 자기 자신을 버리신 하나님의 아들을 믿는 믿음 안에서 사는 것이라 _갈 2:20

Galatians

703 Am I now trying to win the approval of human beings, or of God? Or am I trying to please people? If I were still trying to please people, I would not be a servant of Christ. _Gal 1:10

704 Know that a person is not justified by the works of the law, but by faith in Jesus Christ. So we, too, have put our faith in Christ Jesus that we may be justified by faith in Christ and not by the works of the law, because by the works of the law no one will be justified. _Gal 2:16

705 I have been crucified with Christ and I no longer live, but Christ lives in me. The life I now live in the body, I live by faith in the Son of God, who loved me and gave himself for me. _Gal 2:20

706 그리스도께서 우리를 위하여 저주를 받은 바 되사 율법의 저주에서 우리를 속량하셨으니 기록된 바 나무에 달린 자마다 저주 아래에 있는 자라 하였음이라 _갈 3:13

707 너희는 유대인이나 헬라인이나 종이나 자유인이나 남자나 여자나 다 그리스도 예수 안에서 하나이니라

_갈 3:28

708 너희가 아들이므로 하나님이 그 아들의 영을 우리 마음 가운데 보내사 아빠 아버지라 부르게 하셨느니라

_갈 4:6

709 나의 자녀들아 너희 속에 그리스도의 형상을 이루기까지 다시 너희를 위하여 해산하는 수고를 하노니 _갈 4:19

710 형제들아 너희가 자유를 위하여 부르심을 입었으나 그러나 그 자유로 육체의 기회를 삼지 말고 오직 사랑으로 서로 종노릇하라 _갈 5:13

711 온 율법은 네 이웃 사랑하기를 네 자신같이 하라 하신 한 말씀에서 이루어졌나니 _갈 5:14

712 내가 이르노니 너희는 성령을 따라 행하라 그리하면 육체의 욕심을 이루지 아니하리라 _갈 5:16

706 Christ redeemed us from the curse of the law by becoming a curse for us, for it is written: "Cursed is everyone who is hung on a pole." _Gal 3:13

707 There is neither Jew nor Gentile, neither slave nor free, nor is there male and female, for you are all one in Christ Jesus. _Gal 3:28

708 Because you are his sons, God sent the Spirit of his Son into our hearts, the Spirit who calls out, "Abba, Father." _Gal 4:6

709 My dear children, for whom I am again in the pains of childbirth until Christ is formed in you.
_Gal 4:19

710 You, my brothers and sisters, were called to be free. But do not use your freedom to indulge the flesh; rather, serve one another humbly in love. _Gal 5:13

711 For the entire law is fulfilled in keeping this one command: "Love your neighbor as yourself." _Gal 5:14

712 So I say, walk by the Spirit, and you will not gratify the desires of the flesh. _Gal 5:16

713 오직 성령의 열매는 사랑과 희락과 화평과 오래 참음과 자비와 양선과 충성과 _갈 5:22

714 온유와 절제니 이 같은 것을 금지할 법이 없느니라 _갈 5:23

715 그리스도 예수의 사람들은 육체와 함께 그 정욕과 탐심을 십자가에 못 박았느니라 _갈 5:24

716 우리가 선을 행하되 낙심하지 말지니 포기하지 아니하면 때가 이르매 거두리라 _갈 6:9

717 그러므로 우리는 기회 있는 대로 모든 이에게 착한 일을 하되 더욱 믿음의 가정들에게 할지니라 _갈 6:10

718 그러나 내게는 우리 주 예수 그리스도의 십자가 외에 결코 자랑할 것이 없으니 그리스도로 말미암아 세상이 나를 대하여 십자가에 못 박히고 내가 또한 세상을 대하여 그러하니라 _갈 6:14

713 But the fruit of the Spirit is love, joy, peace, forbearance, kindness, goodness, faithfulness, _Gal 5:22

714 Gentleness and self-control. Against such things there is no law. _Gal 5:23

715 Those who belong to Christ Jesus have crucified the flesh with its passions and desires. _Gal 5:24

716 Let us not become weary in doing good, for at the proper time we will reap a harvest if we do not give up. _Gal 6:9

717 Therefore, as we have opportunity, let us do good to all people, especially to those who belong to the family of believers. _Gal 6:10

718 May I never boast except in the cross of our Lord Jesus Christ, through which the world has been crucified to me, and I to the world. _Gal 6:14

에베소서

719 너희는 그 은혜에 의하여 믿음으로 말미암아 구원을 받았으니 이것은 너희에게서 난 것이 아니요 하나님의 선물이라 _엡 2:8

720 우리는 그가 만드신 바라 그리스도 예수 안에서 선한 일을 위하여 지으심을 받은 자니 이 일은 하나님이 전에 예비하사 우리로 그 가운데서 행하게 하려 하심이니라

_엡 2:10

721 너희는 사도들과 선지자들의 터 위에 세우심을 입은 자라 그리스도 예수께서 친히 모퉁잇돌이 되셨느니라

_엡 2:20

722 오직 사랑 안에서 참된 것을 하여 범사에 그에게까지 자랄지라 그는 머리니 곧 그리스도라 _엡 4:15

Ephesians

719 For it is by grace you have been saved, through faith—and this is not from yourselves, it is the gift of God. _Eph 2:8

720 For we are God's handiwork, created in Christ Jesus to do good works, which God prepared in advance for us to do. _Eph 2:10

721 Built on the foundation of the apostles and prophets, with Christ Jesus himself as the chief cornerstone. _Eph 2:20

722 Instead, speaking the truth in love, we will grow to become in every respect the mature body of him who is the head, that is, Christ. _Eph 4:15

723 하나님을 따라 의와 진리의 거룩함으로 지으심을 받은 새사람을 입으라 _엡 4:24

724 하나님의 성령을 근심하게 하지 말라 그 안에서 너희가 구원의 날까지 인치심을 받았느니라 _엡 4:30

725 서로 친절하게 하며 불쌍히 여기며 서로 용서하기를 하나님이 그리스도 안에서 너희를 용서하심과 같이 하라
_엡 4:32

726 그리스도께서 너희를 사랑하신 것같이 너희도 사랑 가운데서 행하라 그는 우리를 위하여 자신을 버리사 향기로운 제물과 희생 제물로 하나님께 드리셨느니라 _엡 5:2

727 너희가 전에는 어둠이더니 이제는 주 안에서 빛이라 빛의 자녀들처럼 행하라 _엡 5:8

728 빛의 열매는 모든 착함과 의로움과 진실함에 있느니라 _엡 5:9

729 술 취하지 말라 이는 방탕한 것이니 오직 성령으로 충만함을 받으라 _엡 5:18

723 And to put on the new self, created to be like God in true righteousness and holiness. _Eph 4:24

724 And do not grieve the Holy Spirit of God, with whom you were sealed for the day of redemption.
_Eph 4:30

725 Be kind and compassionate to one another, forgiving each other, just as in Christ God forgave you. _Eph 4:32

726 And walk in the way of love, just as Christ loved us and gave himself up for us as a fragrant offering and sacrifice to God. _Eph 5:2

727 For you were once darkness, but now you are light in the Lord. Live as children of light. _Eph 5:8

728 For the fruit of the light consists in all goodness, righteousness and truth. _Eph 5:9

729 Do not get drunk on wine, which leads to debauchery. Instead, be filled with the Spirit. _Eph 5:18

730 우리의 씨름은 혈과 육을 상대하는 것이 아니요 통치자들과 권세들과 이 어둠의 세상 주관자들과 하늘에 있는 악의 영들을 상대함이라 _엡 6:12

731 모든 기도와 간구를 하되 항상 성령 안에서 기도하고 이를 위하여 깨어 구하기를 항상 힘쓰며 여러 성도를 위하여 구하라 _엡 6:18

730 For our struggle is not against flesh and blood, but against the rulers, against the authorities, against the powers of this dark world and against the spiritual forces of evil in the heavenly realms. _Eph 6:12

731 And pray in the Spirit on all occasions with all kinds of prayers and requests. With this in mind, be alert and always keep on praying for all the Lord's people. _Eph 6:18

빌립보서

732　나의 간절한 기대와 소망을 따라 아무 일에든지 부끄러워하지 아니하고 지금도 전과 같이 온전히 담대하여 살든지 죽든지 내 몸에서 그리스도가 존귀하게 되게 하려 하나니 _빌 1:20

733　이는 내게 사는 것이 그리스도니 죽는 것도 유익함이라 _빌 1:21

734　그는 근본 하나님의 본체시나 하나님과 동등됨을 취할 것으로 여기지 아니하시고 _빌 2:6

735　사람의 모양으로 나타나사 자기를 낮추시고 죽기까지 복종하셨으니 곧 십자가에 죽으심이라 _빌 2:8

Philippians

732 I eagerly expect and hope that I will in no way be ashamed, but will have sufficient courage so that now as always Christ will be exalted in my body, whether by life or by death. _Php 1:20

733 For to me, to live is Christ and to die is gain. _Php 1:21

734 Who, being in very nature God, did not consider equality with God something to be used to his own advantage. _Php 2:6

735 And being found in appearance as a man, he humbled himself by becoming obedient to death—even death on a cross! _Php 2:8

736 이러므로 하나님이 그를 지극히 높여 모든 이름 위에 뛰어난 이름을 주사 _빌 2:9

737 모든 입으로 예수 그리스도를 주라 시인하여 하나님 아버지께 영광을 돌리게 하셨느니라 _빌 2:11

738 그러나 무엇이든지 내게 유익하던 것을 내가 그리스도를 위하여 다 해로 여길뿐더러 _빌 3:7

739 또한 모든 것을 해로 여김은 내 주 그리스도 예수를 아는 지식이 가장 고상하기 때문이라 내가 그를 위하여 모든 것을 잃어버리고 배설물로 여김은 그리스도를 얻고 _빌 3:8

740 그 안에서 발견되려 함이니 내가 가진 의는 율법에서 난 것이 아니요 오직 그리스도를 믿음으로 말미암은 것이니 곧 믿음으로 하나님께로부터 난 의라 _빌 3:9

741 그러나 우리의 시민권은 하늘에 있는지라 거기로부터 구원하는 자 곧 예수 그리스도를 기다리노니 _빌 3:20

736 Therefore God exalted him to the highest place and gave him the name that is above every name.
_Php 2:9

737 And every tongue acknowledge that Jesus Christ is Lord, to the glory of God the Father. _Php 2:11

738 But whatever were gains to me I now consider loss for the sake of Christ. _Php 3:7

739 What is more, I consider everything a loss because of the surpassing worth of knowing Christ Jesus my Lord, for whose sake I have lost all things. I consider them garbage, that I may gain Christ.
_Php 3:8

740 And be found in him, not having a righteousness of my own that comes from the law, but that which is through faith in Christ—the righteousness that comes from God on the basis of faith. _Php 3:9

741 But our citizenship is in heaven. And we eagerly await a Savior from there, the Lord Jesus Christ.
_Php 3:20

742 주 안에서 항상 기뻐하라 내가 다시 말하노니 기뻐하라 _빌 4:4

743 아무것도 염려하지 말고 다만 모든 일에 기도와 간구로, 너희 구할 것을 감사함으로 하나님께 아뢰라 _빌 4:6

744 그리하면 모든 지각에 뛰어난 하나님의 평강이 그리스도 예수 안에서 너희 마음과 생각을 지키시리라 _빌 4:7

745 너희는 내게 배우고 받고 듣고 본 바를 행하라 그리하면 평강의 하나님이 너희와 함께 계시리라 _빌 4:9

746 나는 비천에 처할 줄도 알고 풍부에 처할 줄도 알아 모든 일 곧 배부름과 배고픔과 풍부와 궁핍에도 처할 줄 아는 일체의 비결을 배웠노라 _빌 4:12

747 내게 능력 주시는 자 안에서 내가 모든 것을 할 수 있느니라 _빌 4:13

742 Rejoice in the Lord always. I will say it again: Rejoice! _Php 4:4

743 Do not be anxious about anything, but in every situation, by prayer and petition, with thanksgiving, present your requests to God. _Php 4:6

744 And the peace of God, which transcends all understanding, will guard your hearts and your minds in Christ Jesus. _Php 4:7

745 Whatever you have learned or received or heard from me, or seen in me—put it into practice. And the God of peace will be with you. _Php 4:9

746 I know what it is to be in need, and I know what it is to have plenty. I have learned the secret of being content in any and every situation, whether well fed or hungry, whether living in plenty or in want._Php 4:12

747 I can do all this through him who gives me strength. _Php 4:13

골로새서

748 그가 우리를 흑암의 권세에서 건져내사 그의 사랑의 아들의 나라로 옮기셨으니 _골 1:13

749 그 아들 안에서 우리가 속량 곧 죄 사함을 얻었도다 _골 1:14

750 나는 이제 너희를 위하여 받는 괴로움을 기뻐하고 그리스도의 남은 고난을 그의 몸 된 교회를 위하여 내 육체에 채우노라 _골 1:24

751 하나님이 그들로 하여금 이 비밀의 영광이 이방인 가운데 얼마나 풍성한지를 알게 하려 하심이라 이 비밀은 너희 안에 계신 그리스도시니 곧 영광의 소망이니라 _골 1:27

Colossians

748 For he has rescued us from the dominion of darkness and brought us into the kingdom of the Son he loves. _Col 1:13

749 In whom we have redemption, the forgiveness of sins. _Col 1:14

750 Now I rejoice in what I am suffering for you, and I fill up in my flesh what is still lacking in regard to Christ's afflictions, for the sake of his body, which is the church. _Col 1:24

751 To them God has chosen to make known among the Gentiles the glorious riches of this mystery, which is Christ in you, the hope of glory. _Col 1:27

752 우리가 그를 전파하여 각 사람을 권하고 모든 지혜로 각 사람을 가르침은 각 사람을 그리스도 안에서 완전한 자로 세우려 함이니 _골 1:28

753 이를 위하여 나도 내 속에서 능력으로 역사하시는 이의 역사를 따라 힘을 다하여 수고하노라 _골 1:29

754 그러므로 너희가 그리스도와 함께 다시 살리심을 받았으면 위의 것을 찾으라 거기는 그리스도께서 하나님 우편에 앉아 계시느니라 _골 3:1

755 위의 것을 생각하고 땅의 것을 생각하지 말라 _골 3:2

756 이는 너희가 죽었고 너희 생명이 그리스도와 함께 하나님 안에 감추어졌음이라 _골 3:3

757 새사람을 입었으니 이는 자기를 창조하신 이의 형상을 따라 지식에까지 새롭게 하심을 입은 자니라 _골 3:10

758 이 모든 것 위에 사랑을 더하라 이는 온전하게 매는 띠니라 _골 3:14

752 He is the one we proclaim, admonishing and teaching everyone with all wisdom, so that we may present everyone fully mature in Christ. _Col 1:28

753 To this end I strenuously contend with all the energy Christ so powerfully works in me. _Col 1:29

754 Since, then, you have been raised with Christ, set your hearts on things above, where Christ is, seated at the right hand of God. _Col 3:1

755 Set your minds on things above, not on earthly things. _Col 3:2

756 For you died, and your life is now hidden with Christ in God. _Col 3:3

757 And have put on the new self, which is being renewed in knowledge in the image of its Creator. _Col 3:10

758 And over all these virtues put on love, which binds them all together in perfect unity. _Col 3:14

759 그리스도의 평강이 너희 마음을 주장하게 하라 너희는 평강을 위하여 한 몸으로 부르심을 받았나니 너희는 또한 감사하는 자가 되라 _골 3:15

760 또 무엇을 하든지 말에나 일에나 다 주 예수의 이름으로 하고 그를 힘입어 하나님 아버지께 감사하라 _골 3:17

761 또한 우리를 위하여 기도하되 하나님이 전도할 문을 우리에게 열어주사 그리스도의 비밀을 말하게 하시기를 구하라 내가 이 일 때문에 매임을 당하였노라 _골 4:3

762 외인에게 대해서는 지혜로 행하여 세월을 아끼라 _골 4:5

759 Let the peace of Christ rule in your hearts, since as members of one body you were called to peace. And be thankful. _Col 3:15

760 And whatever you do, whether in word or deed, do it all in the name of the Lord Jesus, giving thanks to God the Father through him. _Col 3:17

761 And pray for us, too, that God may open a door for our message, so that we may proclaim the mystery of Christ, for which I am in chains. _Col 4:3

762 Be wise in the way you act toward outsiders; make the most of every opportunity. _Col 4:5

데살로니가전서

763 우리가 이같이 너희를 사모하여 하나님의 복음뿐 아니라 우리의 목숨까지도 너희에게 주기를 기뻐함은 너희가 우리의 사랑하는 자 됨이라 _살전 2:8

764 우리의 소망이나 기쁨이나 자랑의 면류관이 무엇이냐 그가 강림하실 때 우리 주 예수 앞에 너희가 아니냐 _살전 2:19

765 너희는 우리의 영광이요 기쁨이니라 _살전 2:20

766 너희 마음을 굳건하게 하시고 우리 주 예수께서 그의 모든 성도와 함께 강림하실 때에 하나님 우리 아버지 앞에서 거룩함에 흠이 없게 하시기를 원하노라 _살전 3:13

767 우리는 낮에 속하였으니 정신을 차리고 믿음과 사랑의 호심경을 붙이고 구원의 소망의 투구를 쓰자 _살전 5:8

1 Thessalonians

763 So we cared for you. Because we loved you so much, we were delighted to share with you not only the gospel of God but our lives as well. _1Th 2:8

764 For what is our hope, our joy, or the crown in which we will glory in the presence of our Lord Jesus when he comes? Is it not you? _1Th 2:19

765 Indeed, you are our glory and joy. _1Th 2:20

766 May he strengthen your hearts so that you will be blameless and holy in the presence of our God and Father when our Lord Jesus comes with all his holy ones. _1Th 3:13

767 But since we belong to the day, let us be sober, putting on faith and love as a breastplate, and the hope of salvation as a helmet. _1Th 5:8

768 또 형제들아 너희를 권면하노니 게으른 자들을 권계하며 마음이 약한 자들을 격려하고 힘이 없는 자들을 붙들어주며 모든 사람에게 오래 참으라 _살전 5:14

769 삼가 누가 누구에게든지 악으로 악을 갚지 말게 하고 서로 대하든지 모든 사람을 대하든지 항상 선을 따르라 _살전 5:15

770 항상 기뻐하라 _살전 5:16

771 쉬지 말고 기도하라 _살전 5:17

772 범사에 감사하라 이것이 그리스도 예수 안에서 너희를 향하신 하나님의 뜻이니라 _살전 5:18

773 악은 어떤 모양이라도 버리라 _살전 5:22

774 평강의 하나님이 친히 너희를 온전히 거룩하게 하시고 또 너희의 온 영과 혼과 몸이 우리 주 예수 그리스도께서 강림하실 때에 흠 없게 보전되기를 원하노라 _살전 5:23

768 And we urge you, brothers and sisters, warn those who are idle and disruptive, encourage the disheartened, help the weak, be patient with everyone. _1Th 5:14

769 Make sure that nobody pays back wrong for wrong, but always strive to do what is good for each other and for everyone else. _1Th 5:15

770 Rejoice always. _1Th 5:16

771 Pray continually. _1Th 5:17

772 Give thanks in all circumstances; for this is God's will for you in Christ Jesus. _1Th 5:18

773 Reject every kind of evil. _1Th 5:22

774 May God himself, the God of peace, sanctify you through and through. May your whole spirit, soul and body be kept blameless at the coming of our Lord Jesus Christ. _1Th 5:23

데살로니가후서

775 영으로나 또는 말로나 또는 우리에게서 받았다 하는 편지로나 주의 날이 이르렀다고 해서 쉽게 마음이 흔들리거나 두려워하거나 하지 말아야 한다는 것이라 _살후 2:2

776 누가 어떻게 하여도 너희가 미혹되지 말라 먼저 배교하는 일이 있고 저 불법의 사람 곧 멸망의 아들이 나타나기 전에는 그날이 이르지 아니하리니 _살후 2:3

777 주는 미쁘사 너희를 굳건하게 하시고 악한 자에게서 지키시리라 _살후 3:3

778 주께서 너희 마음을 인도하여 하나님의 사랑과 그리스도의 인내에 들어가게 하시기를 원하노라 _살후 3:5

2 Thessalonians

775 Not to become easily unsettled or alarmed by the teaching allegedly from us—whether by a prophecy or by word of mouth or by letter—asserting that the day of the Lord has already come. _2Th 2:2

776 Don't let anyone deceive you in any way, for that day will not come until the rebellion occurs and the man of lawlessness is revealed, the man doomed to destruction. _2Th 2:3

777 But the Lord is faithful, and he will strengthen you and protect you from the evil one. _2Th 3:3

778 May the Lord direct your hearts into God's love and Christ's perseverance. _2Th 3:5

779 형제들아 우리 주 예수 그리스도의 이름으로 너희를 명하노니 게으르게 행하고 우리에게서 받은 전통대로 행하지 아니하는 모든 형제에게서 떠나라 _살후 3:6

780 우리가 너희와 함께 있을 때에도 너희에게 명하기를 누구든지 일하기 싫어하거든 먹지도 말게 하라 하였더니

_살후 3:10

781 평강의 주께서 친히 때마다 일마다 너희에게 평강을 주시고 주께서 너희 모든 사람과 함께하시기를 원하노라

_살후 3:16

779 In the name of the Lord Jesus Christ, we command you, brothers and sisters, to keep away from every believer who is idle and disruptive and does not live according to the teaching you received from us. _2Th 3:6

780 For even when we were with you, we gave you this rule: "The one who is unwilling to work shall not eat." _2Th 3:10

781 Now may the Lord of peace himself give you peace at all times and in every way. The Lord be with all of you. _2Th 3:16

디모데전서

782 이 교훈의 목적은 청결한 마음과 선한 양심과 거짓이 없는 믿음에서 나오는 사랑이거늘 _딤전 1:5

783 미쁘다 모든 사람이 받을 만한 이 말이여 그리스도 예수께서 죄인을 구원하시려고 세상에 임하셨다 하였도다 죄인 중에 내가 괴수니라 _딤전 1:15

784 하나님은 모든 사람이 구원을 받으며 진리를 아는 데에 이르기를 원하시느니라 _딤전 2:4

785 하나님은 한 분이시요 또 하나님과 사람 사이에 중보자도 한 분이시니 곧 사람이신 그리스도 예수라 _딤전 2:5

786 만일 내가 지체하면 너로 하여금 하나님의 집에서 어떻게 행하여야 할지를 알게 하려 함이니 이 집은 살아 계신 하나님의 교회요 진리의 기둥과 터니라 _딤전 3:15

1 Timothy

782 The goal of this command is love, which comes from a pure heart and a good conscience and a sincere faith. _1Ti 1:5

783 Here is a trustworthy saying that deserves full acceptance: Christ Jesus came into the world to save sinners—of whom I am the worst. _1Ti 1:15

784 Who wants all people to be saved and to come to a knowledge of the truth. _1Ti 2:4

785 For there is one God and one mediator between God and mankind, the man Christ Jesus. _1Ti 2:5

786 If I am delayed, you will know how people ought to conduct themselves in God's household, which is the church of the living God, the pillar and foundation of the truth. _1Ti 3:15

787 크도다 경건의 비밀이여, 그렇지 않다 하는 이 없도다 그는 육신으로 나타난 바 되시고 영으로 의롭다 하심을 받으시고 천사들에게 보이시고 만국에서 전파되시고 세상에서 믿은 바 되시고 영광 가운데서 올려지셨느니라 _딤전 3:16

788 하나님께서 지으신 모든 것이 선하매 감사함으로 받으면 버릴 것이 없나니 _딤전 4:4

789 하나님의 말씀과 기도로 거룩하여짐이라 _딤전 4:5

790 망령되고 허탄한 신화를 버리고 경건에 이르도록 네 자신을 연단하라 _딤전 4:7

791 육체의 연단은 약간의 유익이 있으나 경건은 범사에 유익하니 금생과 내생에 약속이 있느니라 _딤전 4:8

792 누구든지 네 연소함을 업신여기지 못하게 하고 오직 말과 행실과 사랑과 믿음과 정절에 있어서 믿는 자에게 본이 되어 _딤전 4:12

787 Beyond all question, the mystery from which true godliness springs is great: He appeared in the flesh, was vindicated by the Spirit, was seen by angels, was preached among the nations, was believed on in the world, was taken up in glory. _1Ti 3:16

788 For everything God created is good, and nothing is to be rejected if it is received with thanksgiving. _1Ti 4:4

789 Because it is consecrated by the word of God and prayer. _1Ti 4:5

790 Have nothing to do with godless myths and old wives' tales; rather, train yourself to be godly. _1Ti 4:7

791 For physical training is of some value, but godliness has value for all things, holding promise for both the present life and the life to come. _1Ti 4:8

792 Don't let anyone look down on you because you are young, but set an example for the believers in speech, in conduct, in love, in faith and in purity. _1Ti 4:12

793   내가 이를 때까지 읽는 것과 권하는 것과 가르치는 것에 전념하라 _딤전 4:13

794   네가 네 자신과 가르침을 살펴 이 일을 계속하라 이 것을 행함으로 네 자신과 네게 듣는 자를 구원하리라
_딤전 4:16

795   돈을 사랑함이 일만 악의 뿌리가 되나니 이것을 탐내는 자들은 미혹을 받아 믿음에서 떠나 많은 근심으로써 자기를 찔렀도다 _딤전 6:10

796   오직 너 하나님의 사람아 이것들을 피하고 의와 경건과 믿음과 사랑과 인내와 온유를 따르며 _딤전 6:11

797   믿음의 선한 싸움을 싸우라 영생을 취하라 이를 위하여 네가 부르심을 받았고 많은 증인 앞에서 선한 증언을 하였도다 _딤전 6:12

793 Until I come, devote yourself to the public reading of Scripture, to preaching and to teaching. _1Ti 4:13

794 Watch your life and doctrine closely. Persevere in them, because if you do, you will save both yourself and your hearers. _1Ti 4:16

795 For the love of money is a root of all kinds of evil. Some people, eager for money, have wandered from the faith and pierced themselves with many griefs. _1Ti 6:10

796 But you, man of God, flee from all this, and pursue righteousness, godliness, faith, love, endurance and gentleness. _1Ti 6:11

797 Fight the good fight of the faith. Take hold of the eternal life to which you were called when you made your good confession in the presence of many witnesses. _1Ti 6:12

798 네가 이 세대에서 부한 자들을 명하여 마음을 높이지 말고 정함이 없는 재물에 소망을 두지 말고 오직 우리에게 모든 것을 후히 주사 누리게 하시는 하나님께 두며

_딤전 6:17

799 선을 행하고 선한 사업을 많이 하고 나누어 주기를 좋아하며 너그러운 자가 되게 하라 _딤전 6:18

798 Command those who are rich in this present world not to be arrogant nor to put their hope in wealth, which is so uncertain, but to put their hope in God, who richly provides us with everything for our enjoyment. _1Ti 6:17

799 Command them to do good, to be rich in good deeds, and to be generous and willing to share.

_1Ti 6:18

디모데후서

800 하나님이 우리에게 주신 것은 두려워하는 마음이 아니요 오직 능력과 사랑과 절제하는 마음이니 _딤후 1:7

801 너는 그리스도 예수의 좋은 병사로 나와 함께 고난을 받으라 _딤후 2:3

802 너는 진리의 말씀을 옳게 분별하며 부끄러울 것이 없는 일꾼으로 인정된 자로 자신을 하나님 앞에 드리기를 힘쓰라 _딤후 2:15

803 또한 너는 청년의 정욕을 피하고 주를 깨끗한 마음으로 부르는 자들과 함께 의와 믿음과 사랑과 화평을 따르라 _딤후 2:22

804 무릇 그리스도 예수 안에서 경건하게 살고자 하는 자는 박해를 받으리라 _딤후 3:12

2 Timothy

800 For the Spirit God gave us does not make us timid, but gives us power, love and self-discipline.
_2Ti 1:7

801 Join with me in suffering, like a good soldier of Christ Jesus. _2Ti 2:3

802 Do your best to present yourself to God as one approved, a worker who does not need to be ashamed and who correctly handles the word of truth.
_2Ti 2:15

803 Flee the evil desires of youth, and pursue righteousness, faith, love and peace, along with those who call on the Lord out of a pure heart. _2Ti 2:22

804 In fact, everyone who wants to live a godly life in Christ Jesus will be persecuted. _2Ti 3:12

805 그러나 너는 배우고 확신한 일에 거하라 너는 네가
누구에게서 배운 것을 알며 _딤후 3:14

806 또 어려서부터 성경을 알았나니 성경은 능히 너로 하
여금 그리스도 예수 안에 있는 믿음으로 말미암아 구원에
이르는 지혜가 있게 하느니라 _딤후 3:15

807 모든 성경은 하나님의 감동으로 된 것으로 교훈과 책
망과 바르게 함과 의로 교육하기에 유익하니 _딤후 3:16

808 이는 하나님의 사람으로 온전하게 하며 모든 선한 일
을 행할 능력을 갖추게 하려 함이라 _딤후 3:17

809 너는 말씀을 전파하라 때를 얻든지 못 얻든지 항상
힘쓰라 범사에 오래 참음과 가르침으로 경책하며 경계하
며 권하라 _딤후 4:2

810 그러나 너는 모든 일에 신중하여 고난을 받으며 전도
자의 일을 하며 네 직무를 다하라 _딤후 4:5

805 But as for you, continue in what you have learned and have become convinced of, because you know those from whom you learned it. _2Ti 3:14

806 And how from infancy you have known the holy Scriptures, which are able to make you wise for salvation through faith in Christ Jesus. _2Ti 3:15

807 All Scripture is God-breathed and is useful for teaching, rebuking, correcting and training in righteousness. _2Ti 3:16

808 So that the servant of God may be thoroughly equipped for every good work. _2Ti 3:17

809 Preach the Word; be prepared in season and out of season; correct, rebuke and encourage—with great patience and careful instruction. _2Ti 4:2

810 But you, keep your head in all situations, endure hardship, do the work of an evangelist, discharge all the duties of your ministry. _2Ti 4:5

811 이제 후로는 나를 위하여 의의 면류관이 예비되었으므로 주 곧 의로우신 재판장이 그날에 내게 주실 것이며 내게만 아니라 주의 나타나심을 사모하는 모든 자에게도 니라 _딤후 4:8

811 Now there is in store for me the crown of righteousness, which the Lord, the righteous Judge, will award to me on that day—and not only to me, but also to all who have longed for his appearing.

_2Ti 4:8

디도서

812   그가 우리를 대신하여 자신을 주심은 모든 불법에서 우리를 속량하시고 우리를 깨끗하게 하사 선한 일을 열심히 하는 자기 백성이 되게 하려 하심이라 _딛 2:14

813   너는 이것을 말하고 권면하며 모든 권위로 책망하여 누구에게서든지 업신여김을 받지 말라 _딛 2:15

814   우리를 구원하시되 우리가 행한 바 의로운 행위로 말미암지 아니하고 오직 그의 긍휼하심을 따라 중생의 씻음과 성령의 새롭게 하심으로 하셨나니 _딛 3:5

815   우리로 그의 은혜를 힘입어 의롭다 하심을 얻어 영생의 소망을 따라 상속자가 되게 하려 하심이라 _딛 3:7

Titus

812 Who gave himself for us to redeem us from all wickedness and to purify for himself a people that are his very own, eager to do what is good. _Tit 2:14

813 These, then, are the things you should teach. Encourage and rebuke with all authority. Do not let anyone despise you. _Tit 2:15

814 He saved us, not because of righteous things we had done, but because of his mercy. He saved us through the washing of rebirth and renewal by the Holy Spirit. _Tit 3:5

815 So that, having been justified by his grace, we might become heirs having the hope of eternal life. _Tit 3:7

816 이 말이 미쁘도다 원하건대 너는 이 여러 것에 대하여 굳세게 말하라 이는 하나님을 믿는 자들로 하여금 조심하여 선한 일을 힘쓰게 하려 함이라 이것은 아름다우며 사람들에게 유익하니라 _딛 3:8

817 또 우리 사람들도 열매 없는 자가 되지 않게 하기 위하여 필요한 것을 준비하는 좋은 일에 힘쓰기를 배우게 하라 _딛 3:14

816 This is a trustworthy saying. And I want you to stress these things, so that those who have trusted in God may be careful to devote themselves to doing what is good. These things are excellent and profitable for everyone. _Tit 3:8

817 Our people must learn to devote themselves to doing what is good, in order to provide for urgent needs and not live unproductive lives. _Tit 3:14

빌레몬서

818 이로써 네 믿음의 교제가 우리 가운데 있는 선을 알게 하고 그리스도께 이르도록 역사하느니라 _몬 1:6

819 아마 그가 잠시 떠나게 된 것은 너로 하여금 그를 영원히 두게 함이리니 _몬 1:15

820 이후로는 종과 같이 대하지 아니하고 종 이상으로 곧 사랑받는 형제로 둘 자라 내게 특별히 그러하거든 하물며 육신과 주 안에서 상관된 네게랴 _몬 1:16

Philemon

818 I pray that your partnership with us in the faith may be effective in deepening your understanding of every good thing we share for the sake of Christ.

_Phm 1:6

819 Perhaps the reason he was separated from you for a little while was that you might have him back forever. _Phm 1:15

820 No longer as a slave, but better than a slave, as a dear brother. He is very dear to me but even dearer to you, both as a fellow man and as a brother in the Lord. _Phm 1:16

히브리서

821 이는 하나님의 영광의 광채시요 그 본체의 형상이시라 그의 능력의 말씀으로 만물을 붙드시며 죄를 정결하게 하는 일을 하시고 높은 곳에 계신 지극히 크신 이의 우편에 앉으셨느니라 _히 1:3

822 그가 시험을 받아 고난을 당하셨은즉 시험받는 자들을 능히 도우실 수 있느니라 _히 2:18

823 그러므로 함께 하늘의 부르심을 받은 거룩한 형제들아 우리가 믿는 도리의 사도이시며 대제사장이신 예수를 깊이 생각하라 _히 3:1

Hebrews

821 The Son is the radiance of God's glory and the exact representation of his being, sustaining all things by his powerful word. After he had provided purification for sins, he sat down at the right hand of the Majesty in heaven. _Heb 1:3

822 Because he himself suffered when he was tempted, he is able to help those who are being tempted. _Heb 2:18

823 Therefore, holy brothers and sisters, who share in the heavenly calling, fix your thoughts on Jesus, whom we acknowledge as our apostle and high priest. _Heb 3:1

824 그리스도는 하나님의 집을 맡은 아들로서 그와 같이 하셨으니 우리가 소망의 확신과 자랑을 끝까지 굳게 잡고 있으면 우리는 그의 집이라 _히 3:6

825 우리가 시작할 때에 확신한 것을 끝까지 견고히 잡고 있으면 그리스도와 함께 참여한 자가 되리라 _히 3:14

826 하나님의 말씀은 살아 있고 활력이 있어 좌우에 날선 어떤 검보다도 예리하여 혼과 영과 및 관절과 골수를 찔러 쪼개기까지 하며 또 마음의 생각과 뜻을 판단하나니 _히 4:12

827 지으신 것이 하나도 그 앞에 나타나지 않음이 없고 우리의 결산을 받으실 이의 눈앞에 만물이 벌거벗은 것같이 드러나느니라 _히 4:13

828 그러므로 우리에게 큰 대제사장이 계시니 승천하신 이 곧 하나님의 아들 예수시라 우리가 믿는 도리를 굳게 잡을지어다 _히 4:14

824 But Christ is faithful as the Son over God's house. And we are his house, if indeed we hold firmly to our confidence and the hope in which we glory.
_Heb 3:6

825 We have come to share in Christ, if indeed we hold our original conviction firmly to the very end.
_Heb 3:14

826 For the word of God is alive and active. Sharper than any double-edged sword, it penetrates even to dividing soul and spirit, joints and marrow; it judges the thoughts and attitudes of the heart. _Heb 4:12

827 Nothing in all creation is hidden from God's sight. Everything is uncovered and laid bare before the eyes of him to whom we must give account.
_Heb 4:13

828 Therefore, since we have a great high priest who has ascended into heaven, Jesus the Son of God, let us hold firmly to the faith we profess. _Heb 4:14

829 우리에게 있는 대제사장은 우리의 연약함을 동정하지 못하실 이가 아니요 모든 일에 우리와 똑같이 시험을 받으신 이로되 죄는 없으시니라 _히 4:15

830 그러므로 우리는 긍휼하심을 받고 때를 따라 돕는 은혜를 얻기 위하여 은혜의 보좌 앞에 담대히 나아갈 것이니라 _히 4:16

831 우리가 간절히 원하는 것은 너희 각 사람이 동일한 부지런함을 나타내어 끝까지 소망의 풍성함에 이르러

_히 6:11

832 게으르지 아니하고 믿음과 오래 참음으로 말미암아 약속들을 기업으로 받는 자들을 본받는 자 되게 하려는 것이니라 _히 6:12

833 우리가 이 소망을 가지고 있는 것은 영혼의 닻 같아서 튼튼하고 견고하여 휘장 안에 들어가나니 _히 6:19

834 그리로 앞서가신 예수께서 멜기세덱의 반차를 따라 영원히 대제사장이 되어 우리를 위하여 들어가셨느니라

_히 6:20

829 For we do not have a high priest who is unable to empathize with our weaknesses, but we have one who has been tempted in every way, just as we are—yet he did not sin. _Heb 4:15

830 Let us then approach God's throne of grace with confidence, so that we may receive mercy and find grace to help us in our time of need. _Heb 4:16

831 We want each of you to show this same diligence to the very end, so that what you hope for may be fully realized. _Heb 6:11

832 We do not want you to become lazy, but to imitate those who through faith and patience inherit what has been promised. _Heb 6:12

833 We have this hope as an anchor for the soul, firm and secure. It enters the inner sanctuary behind the curtain. _Heb 6:19

834 Where our forerunner, Jesus, has entered on our behalf. He has become a high priest forever, in the order of Melchizedek. _Heb 6:20

835   예수는 영원히 계시므로 그 제사장 직분도 갈리지 아니하느니라 _히 7:24

836   그러므로 자기를 힘입어 하나님께 나아가는 자들을 온전히 구원하실 수 있으니 이는 그가 항상 살아 계셔서 그들을 위하여 간구하심이라 _히 7:25

837   염소와 송아지의 피로 하지 아니하고 오직 자기의 피로 영원한 속죄를 이루사 단번에 성소에 들어가셨느니라 _히 9:12

838   하물며 영원하신 성령으로 말미암아 흠 없는 자기를 하나님께 드린 그리스도의 피가 어찌 너희 양심을 죽은 행실에서 깨끗하게 하고 살아 계신 하나님을 섬기게 하지 못하겠느냐 _히 9:14

839   율법을 따라 거의 모든 물건이 피로써 정결하게 되나니 피 흘림이 없은즉 사함이 없느니라 _히 9:22

840   한 번 죽는 것은 사람에게 정해진 것이요 그 후에는 심판이 있으리니 _히 9:27

835 But because Jesus lives forever, he has a permanent priesthood. _Heb 7:24

836 Therefore he is able to save completely those who come to God through him, because he always lives to intercede for them. _Heb 7:25

837 He did not enter by means of the blood of goats and calves; but he entered the Most Holy Place once for all by his own blood, thus obtaining eternal redemption. _Heb 9:12

838 How much more, then, will the blood of Christ, who through the eternal Spirit offered himself unblemished to God, cleanse our consciences from acts that lead to death, so that we may serve the living God! _Heb 9:14

839 In fact, the law requires that nearly everything be cleansed with blood, and without the shedding of blood there is no forgiveness. _Heb 9:22

840 Just as people are destined to die once, and after that to face judgment. _Heb 9:27

841 서로 돌아보아 사랑과 선행을 격려하며 _히 10:24

842 모이기를 폐하는 어떤 사람들의 습관과 같이 하지 말고 오직 권하여 그날이 가까움을 볼수록 더욱 그리하자 _히 10:25

843 우리는 뒤로 물러가 멸망할 자가 아니요 오직 영혼을 구원함에 이르는 믿음을 가진 자니라 _히 10:39

844 믿음은 바라는 것들의 실상이요 보이지 않는 것들의 증거니 _히 11:1

845 믿음이 없이는 하나님을 기쁘시게 하지 못하나니 하나님께 나아가는 자는 반드시 그가 계신 것과 또한 그가 자기를 찾는 자들에게 상 주시는 이심을 믿어야 할지니라 _히 11:6

846 믿음의 주요 또 온전하게 하시는 이인 예수를 바라보자 그는 그 앞에 있는 기쁨을 위하여 십자가를 참으사 부끄러움을 개의치 아니하시더니 하나님 보좌 우편에 앉으셨느니라 _히 12:2

841 And let us consider how we may spur one another on toward love and good deeds. _Heb 10:24

842 Not giving up meeting together, as some are in the habit of doing, but encouraging one another—and all the more as you see the Day approaching.
_Heb 10:25

843 But we do not belong to those who shrink back and are destroyed, but to those who have faith and are saved. _Heb 10:39

844 Now faith is confidence in what we hope for and assurance about what we do not see. _Heb 11:1

845 And without faith it is impossible to please God, because anyone who comes to him must believe that he exists and that he rewards those who earnestly seek him. _Heb 11:6

846 Fixing our eyes on Jesus, the pioneer and perfecter of faith. For the joy set before him he endured the cross, scorning its shame, and sat down at the right hand of the throne of God. _Heb 12:2

847 모든 사람과 더불어 화평함과 거룩함을 따르라 이것이 없이는 아무도 주를 보지 못하리라 _히 12:14

848 손님 대접하기를 잊지 말라 이로써 부지중에 천사들을 대접한 이들이 있었느니라 _히 13:2

849 돈을 사랑하지 말고 있는 바를 족한 줄로 알라 그가 친히 말씀하시기를 내가 결코 너희를 버리지 아니하고 너희를 떠나지 아니하리라 하셨느니라 _히 13:5

850 예수 그리스도는 어제나 오늘이나 영원토록 동일하시니라 _히 13:8

851 오직 선을 행함과 서로 나누어 주기를 잊지 말라 하나님은 이 같은 제사를 기뻐하시느니라 _히 13:16

852 너희를 인도하는 자들에게 순종하고 복종하라 그들은 너희 영혼을 위하여 경성하기를 자신들이 청산할 자인 것같이 하느니라 그들로 하여금 즐거움으로 이것을 하게 하고 근심으로 하게 하지 말라 그렇지 않으면 너희에게 유익이 없느니라 _히 13:17

847 Make every effort to live in peace with everyone and to be holy; without holiness no one will see the Lord. _Heb 12:14

848 Do not forget to show hospitality to strangers, for by so doing some people have shown hospitality to angels without knowing it. _Heb 13:2

849 Keep your lives free from the love of money and be content with what you have, because God has said, "Never will I leave you; never will I forsake you."
_Heb 13:5

850 Jesus Christ is the same yesterday and today and forever. _Heb 13:8

851 And do not forget to do good and to share with others, for with such sacrifices God is pleased.
_Heb 13:16

852 Have confidence in your leaders and submit to their authority, because they keep watch over you as those who must give an account. Do this so that their work will be a joy, not a burden, for that would be of no benefit to you. _Heb 13:17

야고보서

853 내 형제들아 너희가 여러 가지 시험을 당하거든 온전히 기쁘게 여기라 _약 1:2

854 이는 너희 믿음의 시련이 인내를 만들어내는 줄 너희가 앎이라 _약 1:3

855 인내를 온전히 이루라 이는 너희로 온전하고 구비하여 조금도 부족함이 없게 하려 함이라 _약 1:4

856 너희 중에 누구든지 지혜가 부족하거든 모든 사람에게 후히 주시고 꾸짖지 아니하시는 하나님께 구하라 그리하면 주시리라 _약 1:5

857 사람이 시험을 받을 때에 내가 하나님께 시험을 받는다 하지 말지니 하나님은 악에게 시험을 받지도 아니하시고 친히 아무도 시험하지 아니하시느니라 _약 1:13

James

853 Consider it pure joy, my brothers and sisters, whenever you face trials of many kinds. _Jas 1:2

854 Because you know that the testing of your faith produces perseverance. _Jas 1:3

855 Let perseverance finish its work so that you may be mature and complete, not lacking anything. _Jas 1:4

856 If any of you lacks wisdom, you should ask God, who gives generously to all without finding fault, and it will be given to you. _Jas 1:5

857 When tempted, no one should say, "God is tempting me." For God cannot be tempted by evil, nor does he tempt anyone. _Jas 1:13

858 오직 각 사람이 시험을 받는 것은 자기 욕심에 끌려 미혹됨이니 _약 1:14

859 욕심이 잉태한즉 죄를 낳고 죄가 장성한즉 사망을 낳느니라 _약 1:15

860 내 사랑하는 형제들아 너희가 알지니 사람마다 듣기는 속히 하고 말하기는 더디 하며 성내기도 더디 하라 _약 1:19

861 사람이 성내는 것이 하나님의 의를 이루지 못함이라 _약 1:20

862 그러므로 모든 더러운 것과 넘치는 악을 내버리고 너희 영혼을 능히 구원할 바 마음에 심어진 말씀을 온유함으로 받으라 _약 1:21

863 너희는 말씀을 행하는 자가 되고 듣기만 하여 자신을 속이는 자가 되지 말라 _약 1:22

858 But each person is tempted when they are dragged away by their own evil desire and enticed.
_Jas 1:14

859 Then, after desire has conceived, it gives birth to sin; and sin, when it is full-grown, gives birth to death. _Jas 1:15

860 My dear brothers and sisters, take note of this: Everyone should be quick to listen, slow to speak and slow to become angry. _Jas 1:19

861 Because human anger does not produce the righteousness that God desires. _Jas 1:20

862 Therefore, get rid of all moral filth and the evil that is so prevalent and humbly accept the word planted in you, which can save you. _Jas 1:21

863 Do not merely listen to the word, and so deceive yourselves. Do what it says. _Jas 1:22

864 하나님 아버지 앞에서 정결하고 더러움이 없는 경건은 곧 고아와 과부를 그 환난 중에 돌보고 또 자기를 지켜 세속에 물들지 아니하는 그것이니라 _약 1:27

865 내 형제들아 영광의 주 곧 우리 주 예수 그리스도에 대한 믿음을 너희가 가졌으니 사람을 차별하여 대하지 말라 _약 2:1

866 긍휼을 행하지 아니하는 자에게는 긍휼 없는 심판이 있으리라 긍휼은 심판을 이기고 자랑하느니라 _약 2:13

867 내 형제들아 만일 사람이 믿음이 있노라 하고 행함이 없으면 무슨 유익이 있으리요 그 믿음이 능히 자기를 구원하겠느냐 _약 2:14

868 네가 보거니와 믿음이 그의 행함과 함께 일하고 행함으로 믿음이 온전하게 되었느니라 _약 2:22

869 영혼 없는 몸이 죽은 것같이 행함이 없는 믿음은 죽은 것이니라 _약 2:26

864 Religion that God our Father accepts as pure and faultless is this: to look after orphans and widows in their distress and to keep oneself from being polluted by the world. _Jas 1:27

865 My brothers and sisters, believers in our glorious Lord Jesus Christ must not show favoritism. _Jas 2:1

866 Because judgment without mercy will be shown to anyone who has not been merciful. Mercy triumphs over judgment. _Jas 2:13

867 What good is it, my brothers and sisters, if someone claims to have faith but has no deeds? Can such faith save them? _Jas 2:14

868 You see that his faith and his actions were working together, and his faith was made complete by what he did. _Jas 2:22

869 As the body without the spirit is dead, so faith without deeds is dead. _Jas 2:26

870 시기와 다툼이 있는 곳에는 혼란과 모든 악한 일이 있음이라 _약 3:16

871 오직 위로부터 난 지혜는 첫째 성결하고 다음에 화평하고 관용하고 양순하며 긍휼과 선한 열매가 가득하고 편견과 거짓이 없나니 _약 3:17

872 화평하게 하는 자들은 화평으로 심어 의의 열매를 거두느니라 _약 3:18

873 간음한 여인들아 세상과 벗 된 것이 하나님과 원수 됨을 알지 못하느냐 그런즉 누구든지 세상과 벗이 되고자 하는 자는 스스로 하나님과 원수 되는 것이니라 _약 4:4

874 하나님을 가까이하라 그리하면 너희를 가까이하시리라 죄인들아 손을 깨끗이 하라 두 마음을 품은 자들아 마음을 성결하게 하라 _약 4:8

875 형제들아 서로 비방하지 말라 형제를 비방하는 자나 형제를 판단하는 자는 곧 율법을 비방하고 율법을 판단하는 것이라 네가 만일 율법을 판단하면 율법의 준행자가 아니요 재판관이로다 _약 4:11

870 For where you have envy and selfish ambition, there you find disorder and every evil practice. _Jas 3:16

871 But the wisdom that comes from heaven is first of all pure; then peace-loving, considerate, submissive, full of mercy and good fruit, impartial and sincere. _Jas 3:17

872 Peacemakers who sow in peace reap a harvest of righteousness. _Jas 3:18

873 You adulterous people, don't you know that friendship with the world means enmity against God? Therefore, anyone who chooses to be a friend of the world becomes an enemy of God. _Jas 4:4

874 Come near to God and he will come near to you. Wash your hands, you sinners, and purify your hearts, you double-minded. _Jas 4:8

875 Brothers and sisters, do not slander one another. Anyone who speaks against a brother or sister or judges them speaks against the law and judges it. When you judge the law, you are not keeping it, but sitting in judgment on it. _Jas 4:11

876　그러므로 사람이 선을 행할 줄 알고도 행하지 아니하면 죄니라 _약 4:17

877　너희 중에 고난당하는 자가 있느냐 그는 기도할 것이요 즐거워하는 자가 있느냐 그는 찬송할지니라 _약 5:13

878　믿음의 기도는 병든 자를 구원하리니 주께서 그를 일으키시리라 혹시 죄를 범하였을지라도 사하심을 받으리라 _약 5:15

879　그러므로 너희 죄를 서로 고백하며 병이 낫기를 위하여 서로 기도하라 의인의 간구는 역사하는 힘이 큼이니라 _약 5:16

880　너희가 알 것은 죄인을 미혹된 길에서 돌아서게 하는 자가 그의 영혼을 사망에서 구원할 것이며 허다한 죄를 덮을 것임이라 _약 5:20

876 If anyone, then, knows the good they ought to do and doesn't do it, it is sin for them. _Jas 4:17

877 Is anyone among you in trouble? Let them pray. Is anyone happy? Let them sing songs of praise.
_Jas 5:13

878 And the prayer offered in faith will make the sick person well; the Lord will raise them up. If they have sinned, they will be forgiven. _Jas 5:15

879 Therefore confess your sins to each other and pray for each other so that you may be healed. The prayer of a righteous person is powerful and effective.
_Jas 5:16

880 Remember this: Whoever turns a sinner from the error of their way will save them from death and cover over a multitude of sins. _Jas 5:20

베드로전서

881 곧 하나님 아버지의 미리 아심을 따라 성령이 거룩하게 하심으로 순종함과 예수 그리스도의 피 뿌림을 얻기 위하여 택하심을 받은 자들에게 편지하노니 은혜와 평강이 너희에게 더욱 많을지어다 _벧전 1:2

882 너희 믿음의 확실함은 불로 연단하여도 없어질 금보다 더 귀하여 예수 그리스도께서 나타나실 때에 칭찬과 영광과 존귀를 얻게 할 것이니라 _벧전 1:7

883 믿음의 결국 곧 영혼의 구원을 받음이라 _벧전 1:9

884 이 구원에 대하여는 너희에게 임할 은혜를 예언하던 선지자들이 연구하고 부지런히 살펴서 _벧전 1:10

1 Peter

881 Who have been chosen according to the foreknowledge of God the Father, through the sanctifying work of the Spirit, to be obedient to Jesus Christ and sprinkled with his blood: Grace and peace be yours in abundance. _1Pe 1:2

882 These have come so that the proven genuineness of your faith—of greater worth than gold, which perishes even though refined by fire—may result in praise, glory and honor when Jesus Christ is revealed. _1Pe 1:7

883 For you are receiving the end result of your faith, the salvation of your souls. _1Pe 1:9

884 Concerning this salvation, the prophets, who spoke of the grace that was to come to you, searched intently and with the greatest care. _1Pe 1:10

885 자기 속에 계신 그리스도의 영이 그 받으실 고난과 후에 받으실 영광을 미리 증언하여 누구를 또는 어떠한 때를 지시하시는지 상고하니라 _벧전 1:11

886 이 섬긴 바가 자기를 위한 것이 아니요 너희를 위한 것임이 계시로 알게 되었으니 이것은 하늘로부터 보내신 성령을 힘입어 복음을 전하는 자들로 이제 너희에게 알린 것이요 천사들도 살펴보기를 원하는 것이니라 _벧전 1:12

887 오직 너희를 부르신 거룩한 이처럼 너희도 모든 행실에 거룩한 자가 되라 _벧전 1:15

888 너희는 그를 죽은 자 가운데서 살리시고 영광을 주신 하나님을 그리스도로 말미암아 믿는 자니 너희 믿음과 소망이 하나님께 있게 하셨느니라 _벧전 1:21

889 너희가 진리를 순종함으로 너희 영혼을 깨끗하게 하여 거짓이 없이 형제를 사랑하기에 이르렀으니 마음으로 뜨겁게 서로 사랑하라 _벧전 1:22

885 Trying to find out the time and circumstances to which the Spirit of Christ in them was pointing when he predicted the sufferings of the Messiah and the glories that would follow. _1Pe 1:11

886 It was revealed to them that they were not serving themselves but you, when they spoke of the things that have now been told you by those who have preached the gospel to you by the Holy Spirit sent from heaven. Even angels long to look into these things. _1Pe 1:12

887 But just as he who called you is holy, so be holy in all you do. _1Pe 1:15

888 Through him you believe in God, who raised him from the dead and glorified him, and so your faith and hope are in God. _1Pe 1:21

889 Now that you have purified yourselves by obeying the truth so that you have sincere love for each other, love one another deeply, from the heart. _1Pe 1:22

890 너희가 거듭난 것은 썩어질 씨로 된 것이 아니요 썩지 아니할 씨로 된 것이니 살아 있고 항상 있는 하나님의 말씀으로 되었느니라 _벧전 1:23

891 그러므로 모든 육체는 풀과 같고 그 모든 영광은 풀의 꽃과 같으니 풀은 마르고 꽃은 떨어지되 _벧전 1:24

892 오직 주의 말씀은 세세토록 있도다 하였으니 너희에게 전한 복음이 곧 이 말씀이니라 _벧전 1:25

893 그러나 너희는 택하신 족속이요 왕 같은 제사장들이요 거룩한 나라요 그의 소유가 된 백성이니 이는 너희를 어두운 데서 불러내어 그의 기이한 빛에 들어가게 하신 이의 아름다운 덕을 선포하게 하려 하심이라 _벧전 2:9

894 사랑하는 자들아 거류민과 나그네 같은 너희를 권하노니 영혼을 거슬러 싸우는 육체의 정욕을 제어하라

_벧전 2:11

895 너희가 이방인 중에서 행실을 선하게 가져 너희를 악행한다고 비방하는 자들로 하여금 너희 선한 일을 보고 오시는 날에 하나님께 영광을 돌리게 하려 함이라 _벧전 2:12

890 For you have been born again, not of perishable seed, but of imperishable, through the living and enduring word of God. _1Pe 1:23

891 For, "All people are like grass, and all their glory is like the flowers of the field; the grass withers and the flowers fall." _1Pe 1:24

892 "But the word of the Lord endures forever." And this is the word that was preached to you. _1Pe 1:25

893 But you are a chosen people, a royal priesthood, a holy nation, God's special possession, that you may declare the praises of him who called you out of darkness into his wonderful light. _1Pe 2:9

894 Dear friends, I urge you, as foreigners and exiles, to abstain from sinful desires, which wage war against your soul. _1Pe 2:11

895 Live such good lives among the pagans that, though they accuse you of doing wrong, they may see your good deeds and glorify God on the day he visits us. _1Pe 2:12

896 너희는 자유가 있으나 그 자유로 악을 가리는 데 쓰지 말고 오직 하나님의 종과 같이 하라 _벧전 2:16

897 부당하게 고난을 받아도 하나님을 생각함으로 슬픔을 참으면 이는 아름다우나 _벧전 2:19

898 죄가 있어 매를 맞고 참으면 무슨 칭찬이 있으리요 그러나 선을 행함으로 고난을 받고 참으면 이는 하나님 앞에 아름다우니라 _벧전 2:20

899 이를 위하여 너희가 부르심을 받았으니 그리스도도 너희를 위하여 고난을 받으사 너희에게 본을 끼쳐 그 자취를 따라오게 하려 하셨느니라 _벧전 2:21

900 오직 마음에 숨은 사람을 온유하고 안정한 심령의 썩지 아니할 것으로 하라 이는 하나님 앞에 값진 것이니라 _벧전 3:4

901 남편들아 이와 같이 지식을 따라 너희 아내와 동거하고 그를 더 연약한 그릇이요 또 생명의 은혜를 함께 이어 받을 자로 알아 귀히 여기라 이는 너희 기도가 막히지 아니하게 하려 함이라 _벧전 3:7

896 Live as free people, but do not use your freedom as a cover-up for evil; live as God's slaves. _1Pe 2:16

897 For it is commendable if someone bears up under the pain of unjust suffering because they are conscious of God. _1Pe 2:19

898 But how is it to your credit if you receive a beating for doing wrong and endure it? But if you suffer for doing good and you endure it, this is commendable before God. _1Pe 2:20

899 To this you were called, because Christ suffered for you, leaving you an example, that you should follow in his steps. _1Pe 2:21

900 Rather, it should be that of your inner self, the unfading beauty of a gentle and quiet spirit, which is of great worth in God's sight. _1Pe 3:4

901 Husbands, in the same way be considerate as you live with your wives, and treat them with respect as the weaker partner and as heirs with you of the gracious gift of life, so that nothing will hinder your prayers. _1Pe 3:7

902 마지막으로 말하노니 너희가 다 마음을 같이하여 동정하며 형제를 사랑하며 불쌍히 여기며 겸손하며 _벧전 3:8

903 악을 악으로, 욕을 욕으로 갚지 말고 도리어 복을 빌라 이를 위하여 너희가 부르심을 받았으니 이는 복을 이어 받게 하려 하심이라 _벧전 3:9

904 선을 행함으로 고난받는 것이 하나님의 뜻일진대 악을 행함으로 고난받는 것보다 나으니라 _벧전 3:17

905 만물의 마지막이 가까이 왔으니 그러므로 너희는 정신을 차리고 근신하여 기도하라 _벧전 4:7

906 무엇보다도 뜨겁게 서로 사랑할지니 사랑은 허다한 죄를 덮느니라 _벧전 4:8

907 각각 은사를 받은 대로 하나님의 여러 가지 은혜를 맡은 선한 청지기같이 서로 봉사하라 _벧전 4:10

902 Finally, all of you, be like-minded, be sympathetic, love one another, be compassionate and humble. _1Pe 3:8

903 Do not repay evil with evil or insult with insult. On the contrary, repay evil with blessing, because to this you were called so that you may inherit a blessing. _1Pe 3:9

904 For it is better, if it is God's will, to suffer for doing good than for doing evil. _1Pe 3:17

905 The end of all things is near. Therefore be alert and of sober mind so that you may pray. _1Pe 4:7

906 Above all, love each other deeply, because love covers over a multitude of sins. _1Pe 4:8

907 Each of you should use whatever gift you have received to serve others, as faithful stewards of God's grace in its various forms. _1Pe 4:10

908 만일 누가 말하려면 하나님의 말씀을 하는 것같이 하고 누가 봉사하려면 하나님이 공급하시는 힘으로 하는 것같이 하라 이는 범사에 예수 그리스도로 말미암아 하나님이 영광을 받으시게 하려 함이니 그에게 영광과 권능이 세세에 무궁하도록 있느니라 아멘 _벧전 4:11

909 만일 그리스도인으로 고난을 받으면 부끄러워하지 말고 도리어 그 이름으로 하나님께 영광을 돌리라

_벧전 4:16

910 그러므로 하나님의 뜻대로 고난을 받는 자들은 또한 선을 행하는 가운데에 그 영혼을 미쁘신 창조주께 의탁할지어다 _벧전 4:19

911 젊은 자들아 이와 같이 장로들에게 순종하고 다 서로 겸손으로 허리를 동이라 하나님은 교만한 자를 대적하시되 겸손한 자들에게는 은혜를 주시느니라 _벧전 5:5

912 그러므로 하나님의 능하신 손 아래에서 겸손하라 때가 되면 너희를 높이시리라 _벧전 5:6

908 If anyone speaks, they should do so as one who speaks the very words of God. If anyone serves, they should do so with the strength God provides, so that in all things God may be praised through Jesus Christ. To him be the glory and the power for ever and ever. Amen. _1Pe 4:11

909 However, if you suffer as a Christian, do not be ashamed, but praise God that you bear that name.
_1Pe 4:16

910 So then, those who suffer according to God's will should commit themselves to their faithful Creator and continue to do good. _1Pe 4:19

911 In the same way, you who are younger, submit yourselves to your elders. All of you, clothe yourselves with humility toward one another, because, "God opposes the proud but shows favor to the humble."
_1Pe 5:5

912 Humble yourselves, therefore, under God's mighty hand, that he may lift you up in due time.
_1Pe 5:6

913 너희 염려를 다 주께 맡기라 이는 그가 너희를 돌보심이라 _벧전 5:7

914 근신하라 깨어라 너희 대적 마귀가 우는 사자같이 두루 다니며 삼킬 자를 찾나니 _벧전 5:8

915 너희는 믿음을 굳건하게 하여 그를 대적하라 이는 세상에 있는 너희 형제들도 동일한 고난을 당하는 줄을 앎이라 _벧전 5:9

913 Cast all your anxiety on him because he cares for you. _1Pe 5:7

914 Be alert and of sober mind. Your enemy the devil prowls around like a roaring lion looking for someone to devour. _1Pe 5:8

915 Resist him, standing firm in the faith, because you know that the family of believers throughout the world is undergoing the same kind of sufferings.
_1Pe 5:9

베드로후서

916 그러므로 너희가 더욱 힘써 너희 믿음에 덕을, 덕에 지식을, _벧후 1:5

917 지식에 절제를, 절제에 인내를, 인내에 경건을, _벧후 1:6

918 경건에 형제 우애를, 형제 우애에 사랑을 더하라 _벧후 1:7

919 먼저 알 것은 성경의 모든 예언은 사사로이 풀 것이 아니니 _벧후 1:20

920 예언은 언제든지 사람의 뜻으로 낸 것이 아니요 오직 성령의 감동하심을 받은 사람들이 하나님께 받아 말한 것임이라 _벧후 1:21

2 Peter

916 For this very reason, make every effort to add to your faith goodness; and to goodness, knowledge; _2Pe 1:5

917 And to knowledge, self-control; and to self-control, perseverance; and to perseverance, godliness; _2Pe 1:6

918 And to godliness, mutual affection; and to mutual affection, love. _2Pe 1:7

919 Above all, you must understand that no prophecy of Scripture came about by the prophet's own interpretation of things. _2Pe 1:20

920 For prophecy never had its origin in the human will, but prophets, though human, spoke from God as they were carried along by the Holy Spirit. _2Pe 1:21

921 만일 그들이 우리 주 되신 구주 예수 그리스도를 앎으로 세상의 더러움을 피한 후에 다시 그중에 얽매이고 지면 그 나중 형편이 처음보다 더 심하니 _벧후 2:20

922 의의 도를 안 후에 받은 거룩한 명령을 저버리는 것보다 알지 못하는 것이 도리어 그들에게 나으니라

_벧후 2:21

923 사랑하는 자들아 주께는 하루가 천 년 같고 천 년이 하루 같다는 이 한 가지를 잊지 말라 _벧후 3:8

924 주의 약속은 어떤 이들이 더디다고 생각하는 것같이 더딘 것이 아니라 오직 주께서는 너희를 대하여 오래 참으사 아무도 멸망하지 아니하고 다 회개하기에 이르기를 원하시느니라 _벧후 3:9

925 그러나 주의 날이 도둑같이 오리니 그날에는 하늘이 큰 소리로 떠나가고 물질이 뜨거운 불에 풀어지고 땅과 그 중에 있는 모든 일이 드러나리로다 _벧후 3:10

921 If they have escaped the corruption of the world by knowing our Lord and Savior Jesus Christ and are again entangled in it and are overcome, they are worse off at the end than they were at the beginning. _2Pe 2:20

922 It would have been better for them not to have known the way of righteousness, than to have known it and then to turn their backs on the sacred command that was passed on to them. _2Pe 2:21

923 But do not forget this one thing, dear friends: With the Lord a day is like a thousand years, and a thousand years are like a day. _2Pe 3:8

924 The Lord is not slow in keeping his promise, as some understand slowness. Instead he is patient with you, not wanting anyone to perish, but everyone to come to repentance. _2Pe 3:9

925 But the day of the Lord will come like a thief. The heavens will disappear with a roar; the elements will be destroyed by fire, and the earth and everything done in it will be laid bare. _2Pe 3:10

926 우리는 그의 약속대로 의가 있는 곳인 새 하늘과 새 땅을 바라보도다 _벧후 3:13

927 그러므로 사랑하는 자들아 너희가 이것을 바라보나니 주 앞에서 점도 없고 흠도 없이 평강 가운데서 나타나기를 힘쓰라 _벧후 3:14

928 오직 우리 주 곧 구주 예수 그리스도의 은혜와 그를 아는 지식에서 자라 가라 영광이 이제와 영원한 날까지 그에게 있을지어다 _벧후 3:18

926 But in keeping with his promise we are looking forward to a new heaven and a new earth, where righteousness dwells. _2Pe 3:13

927 So then, dear friends, since you are looking forward to this, make every effort to be found spotless, blameless and at peace with him. _2Pe 3:14

928 But grow in the grace and knowledge of our Lord and Savior Jesus Christ. To him be glory both now and forever! Amen. _2Pe 3:18

요한일서

929 우리가 보고 들은 바를 너희에게도 전함은 너희로 우리와 사귐이 있게 하려 함이니 우리의 사귐은 아버지와 그의 아들 예수 그리스도와 더불어 누림이라 _요일 1:3

930 그가 빛 가운데 계신 것같이 우리도 빛 가운데 행하면 우리가 서로 사귐이 있고 그 아들 예수의 피가 우리를 모든 죄에서 깨끗하게 하실 것이요 _요일 1:7

931 만일 우리가 죄가 없다고 말하면 스스로 속이고 또 진리가 우리 속에 있지 아니할 것이요 _요일 1:8

932 만일 우리가 우리 죄를 자백하면 그는 미쁘시고 의로우사 우리 죄를 사하시며 우리를 모든 불의에서 깨끗하게 하실 것이요 _요일 1:9

1 John

929 We proclaim to you what we have seen and heard, so that you also may have fellowship with us. And our fellowship is with the Father and with his Son, Jesus Christ. _1Jn 1:3

930 But if we walk in the light, as he is in the light, we have fellowship with one another, and the blood of Jesus, his Son, purifies us from all sin. _1Jn 1:7

931 If we claim to be without sin, we deceive ourselves and the truth is not in us. _1Jn 1:8

932 If we confess our sins, he is faithful and just and will forgive us our sins and purify us from all unrighteousness. _1Jn 1:9

933 만일 우리가 범죄하지 아니하였다 하면 하나님을 거짓말하는 이로 만드는 것이니 또한 그의 말씀이 우리 속에 있지 아니하니라 _요일 1:10

934 나의 자녀들아 내가 이것을 너희에게 씀은 너희로 죄를 범하지 않게 하려 함이라 만일 누가 죄를 범하여도 아버지 앞에서 우리에게 대언자가 있으니 곧 의로우신 예수 그리스도시라 _요일 2:1

935 그는 우리 죄를 위한 화목 제물이니 우리만 위할 뿐 아니요 온 세상의 죄를 위하심이라 _요일 2:2

936 누구든지 그의 말씀을 지키는 자는 하나님의 사랑이 참으로 그 속에서 온전하게 되었나니 이로써 우리가 그의 안에 있는 줄을 아노라 _요일 2:5

937 빛 가운데 있다 하면서 그 형제를 미워하는 자는 지금까지 어둠에 있는 자요 _요일 2:9

938 이 세상이나 세상에 있는 것들을 사랑하지 말라 누구든지 세상을 사랑하면 아버지의 사랑이 그 안에 있지 아니하니 _요일 2:15

933 If we claim we have not sinned, we make him out to be a liar and his word is not in us. _1Jn 1:10

934 My dear children, I write this to you so that you will not sin. But if anybody does sin, we have an advocate with the Father—Jesus Christ, the Righteous One. _1Jn 2:1

935 He is the atoning sacrifice for our sins, and not only for ours but also for the sins of the whole world. _1Jn 2:2

936 But if anyone obeys his word, love for God is truly made complete in them. This is how we know we are in him. _1Jn 2:5

937 Anyone who claims to be in the light but hates a brother or sister is still in the darkness. _1Jn 2:9

938 Do not love the world or anything in the world. If anyone loves the world, love for the Father is not in them. _1Jn 2:15

939 이는 세상에 있는 모든 것이 육신의 정욕과 안목의 정욕과 이생의 자랑이니 다 아버지께로부터 온 것이 아니요 세상으로부터 온 것이라 _요일 2:16

940 이 세상도, 그 정욕도 지나가되 오직 하나님의 뜻을 행하는 자는 영원히 거하느니라 _요일 2:17

941 보라 아버지께서 어떠한 사랑을 우리에게 베푸사 하나님의 자녀라 일컬음을 받게 하셨는가, 우리가 그러하도다 그러므로 세상이 우리를 알지 못함은 그를 알지 못함이라 _요일 3:1

942 죄를 짓는 자는 마귀에게 속하나니 마귀는 처음부터 범죄함이라 하나님의 아들이 나타나신 것은 마귀의 일을 멸하려 하심이라 _요일 3:8

943 그 형제를 미워하는 자마다 살인하는 자니 살인하는 자마다 영생이 그 속에 거하지 아니하는 것을 너희가 아는 바라 _요일 3:15

944 그가 우리를 위하여 목숨을 버리셨으니 우리가 이로써 사랑을 알고 우리도 형제들을 위하여 목숨을 버리는 것이 마땅하니라 _요일 3:16

939 For everything in the world—the lust of the flesh, the lust of the eyes, and the pride of life—comes not from the Father but from the world. _1Jn 2:16

940 The world and its desires pass away, but whoever does the will of God lives forever. _1Jn 2:17

941 See what great love the Father has lavished on us, that we should be called children of God! And that is what we are! The reason the world does not know us is that it did not know him. _1Jn 3:1

942 The one who does what is sinful is of the devil, because the devil has been sinning from the beginning. The reason the Son of God appeared was to destroy the devil's work. _1Jn 3:8

943 Anyone who hates a brother or sister is a murderer, and you know that no murderer has eternal life residing in him. _1Jn 3:15

944 This is how we know what love is: Jesus Christ laid down his life for us. And we ought to lay down our lives for our brothers and sisters. _1Jn 3:16

945 누가 이 세상의 재물을 가지고 형제의 궁핍함을 보고도 도와줄 마음을 닫으면 하나님의 사랑이 어찌 그 속에 거하겠느냐 _요일 3:17

946 자녀들아 우리가 말과 혀로만 사랑하지 말고 행함과 진실함으로 하자 _요일 3:18

947 그의 계명은 이것이니 곧 그 아들 예수 그리스도의 이름을 믿고 그가 우리에게 주신 계명대로 서로 사랑할 것이니라 _요일 3:23

948 사랑은 여기 있으니 우리가 하나님을 사랑한 것이 아니요 하나님이 우리를 사랑하사 우리 죄를 속하기 위하여 화목 제물로 그 아들을 보내셨음이라 _요일 4:10

949 어느 때나 하나님을 본 사람이 없으되 만일 우리가 서로 사랑하면 하나님이 우리 안에 거하시고 그의 사랑이 우리 안에 온전히 이루어지느니라 _요일 4:12

950 사랑 안에 두려움이 없고 온전한 사랑이 두려움을 내쫓나니 두려움에는 형벌이 있음이라 두려워하는 자는 사랑 안에서 온전히 이루지 못하였느니라 _요일 4:18

945 If anyone has material possessions and sees a brother or sister in need but has no pity on them, how can the love of God be in that person? _1Jn 3:17

946 Dear children, let us not love with words or speech but with actions and in truth. _1Jn 3:18

947 And this is his command: to believe in the name of his Son, Jesus Christ, and to love one another as he commanded us. _1Jn 3:23

948 This is love: not that we loved God, but that he loved us and sent his Son as an atoning sacrifice for our sins. _1Jn 4:10

949 No one has ever seen God; but if we love one another, God lives in us and his love is made complete in us. _1Jn 4:12

950 There is no fear in love. But perfect love drives out fear, because fear has to do with punishment. The one who fears is not made perfect in love. _1Jn 4:18

951 누구든지 하나님을 사랑하노라 하고 그 형제를 미워하면 이는 거짓말하는 자니 보는 바 그 형제를 사랑하지 아니하는 자는 보지 못하는 바 하나님을 사랑할 수 없느니라 _요일 4:20

952 하나님을 사랑하는 것은 이것이니 우리가 그의 계명들을 지키는 것이라 그의 계명들은 무거운 것이 아니로다 _요일 5:3

953 무릇 하나님께로부터 난 자마다 세상을 이기느니라 세상을 이기는 승리는 이것이니 우리의 믿음이니라 _요일 5:4

954 또 증거는 이것이니 하나님이 우리에게 영생을 주신 것과 이 생명이 그의 아들 안에 있는 그것이니라 _요일 5:11

955 아들이 있는 자에게는 생명이 있고 하나님의 아들이 없는 자에게는 생명이 없느니라 _요일 5:12

956 내가 하나님의 아들의 이름을 믿는 너희에게 이것을 쓰는 것은 너희로 하여금 너희에게 영생이 있음을 알게 하려 함이라 _요일 5:13

951 Whoever claims to love God yet hates a brother or sister is a liar. For whoever does not love their brother and sister, whom they have seen, cannot love God, whom they have not seen. _1Jn 4:20

952 In fact, this is love for God: to keep his commands. And his commands are not burdensome. _1Jn 5:3

953 For everyone born of God overcomes the world. This is the victory that has overcome the world, even our faith. _1Jn 5:4

954 And this is the testimony: God has given us eternal life, and this life is in his Son. _1Jn 5:11

955 Whoever has the Son has life; whoever does not have the Son of God does not have life. _1Jn 5:12

956 I write these things to you who believe in the name of the Son of God so that you may know that you have eternal life. _1Jn 5:13

957 또 아는 것은 하나님의 아들이 이르러 우리에게 지각을 주사 우리로 참된 자를 알게 하신 것과 또한 우리가 참된 자 곧 그의 아들 예수 그리스도 안에 있는 것이니 그는 참 하나님이시요 영생이시라 _요일 5:20

957 We know also that the Son of God has come and has given us understanding, so that we may know him who is true. And we are in him who is true by being in his Son Jesus Christ. He is the true God and eternal life. _1Jn 5:20

요한이서

958 부녀여, 내가 이제 네게 구하노니 서로 사랑하자 이는 새 계명같이 네게 쓰는 것이 아니요 처음부터 우리가 가진 것이라 _요이 1:5

959 또 사랑은 이것이니 우리가 그 계명을 따라 행하는 것이요 계명은 이것이니 너희가 처음부터 들은 바와 같이 그 가운데서 행하라 하심이라 _요이 1:6

960 미혹하는 자가 세상에 많이 나왔나니 이는 예수 그리스도께서 육체로 오심을 부인하는 자라 이런 자가 미혹하는 자요 적그리스도니 _요이 1:7

961 너희는 스스로 삼가 우리가 일한 것을 잃지 말고 오직 온전한 상을 받으라 _요이 1:8

2 John

958 And now, dear lady, I am not writing you a new command but one we have had from the beginning. I ask that we love one another. _2Jn 1:5

959 And this is love: that we walk in obedience to his commands. As you have heard from the beginning, his command is that you walk in love.
_2Jn 1:6

960 I say this because many deceivers, who do not acknowledge Jesus Christ as coming in the flesh, have gone out into the world. Any such person is the deceiver and the antichrist. _2Jn 1:7

961 Watch out that you do not lose what we have worked for, but that you may be rewarded fully. _2Jn 1:8

962 지나쳐 그리스도의 교훈 안에 거하지 아니하는 자는 다 하나님을 모시지 못하되 교훈 안에 거하는 그 사람은 아버지와 아들을 모시느니라 _요이 1:9

963 누구든지 이 교훈을 가지지 않고 너희에게 나아가거든 그를 집에 들이지도 말고 인사도 하지 말라 _요이 1:10

962 Anyone who runs ahead and does not continue in the teaching of Christ does not have God; whoever continues in the teaching has both the Father and the Son. _2Jn 1:9

963 If anyone comes to you and does not bring this teaching, do not take them into your house or welcome them. _2Jn 1:10

요한삼서

964 사랑하는 자여 네 영혼이 잘됨같이 네가 범사에 잘되고 강건하기를 내가 간구하노라 _요삼 1:2

965 내가 내 자녀들이 진리 안에서 행한다 함을 듣는 것보다 더 기쁜 일이 없도다 _요삼 1:4

966 그러므로 우리가 이 같은 자들을 영접하는 것이 마땅하니 이는 우리로 진리를 위하여 함께 일하는 자가 되게 하려 함이라 _요삼 1:8

967 사랑하는 자여 악한 것을 본받지 말고 선한 것을 본받으라 선을 행하는 자는 하나님께 속하고 악을 행하는 자는 하나님을 뵈옵지 못하였느니라 _요삼 1:11

3 John

964 Dear friend, I pray that you may enjoy good health and that all may go well with you, even as your soul is getting along well. _3Jn 1:2

965 I have no greater joy than to hear that my children are walking in the truth. _3Jn 1:4

966 We ought therefore to show hospitality to such people so that we may work together for the truth.
_3Jn 1:8

967 Dear friend, do not imitate what is evil but what is good. Anyone who does what is good is from God. Anyone who does what is evil has not seen God.
_3Jn 1:11

유다서

968　사랑하는 자들아 우리가 일반으로 받은 구원에 관하여 내가 너희에게 편지하려는 생각이 간절하던 차에 성도에게 단번에 주신 믿음의 도를 위하여 힘써 싸우라는 편지로 너희를 권하여야 할 필요를 느꼈노니 _유 1:3

969　이는 가만히 들어온 사람 몇이 있음이라 그들은 옛적부터 이 판결을 받기로 미리 기록된 자니 경건하지 아니하여 우리 하나님의 은혜를 도리어 방탕한 것으로 바꾸고 홀로 하나이신 주재 곧 우리 주 예수 그리스도를 부인하는 자니라 _유 1:4

970　사랑하는 자들아 너희는 너희의 지극히 거룩한 믿음 위에 자신을 세우며 성령으로 기도하며 _유 1:20

Jude

968 Dear friends, although I was very eager to write to you about the salvation we share, I felt compelled to write and urge you to contend for the faith that was once for all entrusted to God's holy people. _Jude 1:3

969 For certain individuals whose condemnation was written about long ago have secretly slipped in among you. They are ungodly people, who pervert the grace of our God into a license for immorality and deny Jesus Christ our only Sovereign and Lord.
_Jude 1:4

970 But you, dear friends, by building yourselves up in your most holy faith and praying in the Holy Spirit. _Jude 1:20

971 하나님의 사랑 안에서 자신을 지키며 영생에 이르도록 우리 주 예수 그리스도의 긍휼을 기다리라 _유 1:21

972 능히 너희를 보호하사 거침이 없게 하시고 너희로 그 영광 앞에 흠이 없이 기쁨으로 서게 하실 이 _유 1:24

973 곧 우리 구주 홀로 하나이신 하나님께 우리 주 예수 그리스도로 말미암아 영광과 위엄과 권력과 권세가 영원 전부터 이제와 영원토록 있을지어다 아멘 _유 1:25

971 Keep yourselves in God's love as you wait for the mercy of our Lord Jesus Christ to bring you to eternal life. _Jude 1:21

972 To him who is able to keep you from stumbling and to present you before his glorious presence without fault and with great joy. _Jude 1:24

973 To the only God our Savior be glory, majesty, power and authority, through Jesus Christ our Lord, before all ages, now and forevermore! Amen. _Jude 1:25

요한계시록

974 이 예언의 말씀을 읽는 자와 듣는 자와 그 가운데에 기록한 것을 지키는 자는 복이 있나니 때가 가까움이라
_계 1:3

975 주 하나님이 이르시되 나는 알파와 오메가라 이제도 있고 전에도 있었고 장차 올 자요 전능한 자라 하시더라
_계 1:8

976 그러므로 어디서 떨어졌는지를 생각하고 회개하여 처음 행위를 가지라 만일 그리하지 아니하고 회개하지 아니하면 내가 네게 가서 네 촛대를 그 자리에서 옮기리라
_계 2:5

977 네가 나의 인내의 말씀을 지켰은즉 내가 또한 너를 지켜 시험의 때를 면하게 하리니 이는 장차 온 세상에 임하여 땅에 거하는 자들을 시험할 때라 _계 3:10

Revelation

974 Blessed is the one who reads aloud the words of this prophecy, and blessed are those who hear it and take to heart what is written in it, because the time is near. _Rev 1:3

975 "I am the Alpha and the Omega," says the Lord God, "who is, and who was, and who is to come, the Almighty." _Rev 1:8

976 Consider how far you have fallen! Repent and do the things you did at first. If you do not repent, I will come to you and remove your lampstand from its place. _Rev 2:5

977 Since you have kept my command to endure patiently, I will also keep you from the hour of trial that is going to come on the whole world to test the inhabitants of the earth. _Rev 3:10

978 내가 네 행위를 아노니 네가 차지도 아니하고 뜨겁지도 아니하도다 네가 차든지 뜨겁든지 하기를 원하노라
_계 3:15

979 네가 이같이 미지근하여 뜨겁지도 아니하고 차지도 아니하니 내 입에서 너를 토하여 버리리라 _계 3:16

980 볼지어다 내가 문 밖에 서서 두드리노니 누구든지 내 음성을 듣고 문을 열면 내가 그에게로 들어가 그와 더불어 먹고 그는 나와 더불어 먹으리라 _계 3:20

981 우리 주 하나님이여 영광과 존귀와 권능을 받으시는 것이 합당하오니 주께서 만물을 지으신지라 만물이 주의 뜻대로 있었고 또 지으심을 받았나이다 하더라 _계 4:11

982 성도들의 인내가 여기 있나니 그들은 하나님의 계명과 예수에 대한 믿음을 지키는 자니라 _계 14:12

983 하나님의 종 모세의 노래, 어린 양의 노래를 불러 이르되 주 하나님 곧 전능하신 이시여 하시는 일이 크고 놀라우시도다 만국의 왕이시여 주의 길이 의롭고 참되시도다 _계 15:3

978 I know your deeds, that you are neither cold nor hot. I wish you were either one or the other! _Rev 3:15

979 So, because you are lukewarm—neither hot nor cold—I am about to spit you out of my mouth. _Rev 3:16

980 Here I am! I stand at the door and knock. If anyone hears my voice and opens the door, I will come in and eat with that person, and they with me. _Rev 3:20

981 You are worthy, our Lord and God, to receive glory and honor and power, for you created all things, and by your will they were created and have their being. _Rev 4:11

982 This calls for patient endurance on the part of the people of God who keep his commands and remain faithful to Jesus. _Rev 14:12

983 And sang the song of God's servant Moses and of the Lamb: "Great and marvelous are your deeds, Lord God Almighty. Just and true are your ways, King of the nations." _Rev 15:3

984 주여 누가 주의 이름을 두려워하지 아니하며 영화롭게 하지 아니하오리이까 오직 주만 거룩하시니이다 주의 의로우신 일이 나타났으매 만국이 와서 주께 경배하리이다 하더라 _계 15:4

985 보라 내가 도둑같이 오리니 누구든지 깨어 자기 옷을 지켜 벌거벗고 다니지 아니하며 자기의 부끄러움을 보이지 아니하는 자는 복이 있도다 _계 16:15

986 그들이 어린 양과 더불어 싸우려니와 어린 양은 만주의 주시요 만왕의 왕이시므로 그들을 이기실 터이요 또 그와 함께 있는 자들 곧 부르심을 받고 택하심을 받은 진실한 자들도 이기리로다 _계 17:14

987 또 내가 하늘이 열린 것을 보니 보라 백마와 그것을 탄 자가 있으니 그 이름은 충신과 진실이라 그가 공의로 심판하며 싸우더라 _계 19:11

988 그 눈은 불꽃 같고 그 머리에는 많은 관들이 있고 또 이름 쓴 것 하나가 있으니 자기밖에 아는 자가 없고

_계 19:12

989 또 그가 피 뿌린 옷을 입었는데 그 이름은 하나님의 말씀이라 칭하더라 _계 19:13

984 Who will not fear you, Lord, and bring glory to your name? For you alone are holy. All nations will come and worship before you, for your righteous acts have been revealed. _Rev 15:4

985 Look, I come like a thief! Blessed is the one who stays awake and remains clothed, so as not to go naked and be shamefully exposed. _Rev 16:15

986 They will wage war against the Lamb, but the Lamb will triumph over them because he is Lord of lords and King of kings—and with him will be his called, chosen and faithful followers. _Rev 17:14

987 I saw heaven standing open and there before me was a white horse, whose rider is called Faithful and True. With justice he judges and wages war. _Rev 19:11

988 His eyes are like blazing fire, and on his head are many crowns. He has a name written on him that no one knows but he himself. _Rev 19:12

989 He is dressed in a robe dipped in blood, and his name is the Word of God. _Rev 19:13

990 하늘에 있는 군대들이 희고 깨끗한 세마포 옷을 입고 백마를 타고 그를 따르더라 _계 19:14

991 또 내가 새 하늘과 새 땅을 보니 처음 하늘과 처음 땅이 없어졌고 바다도 다시 있지 않더라 _계 21:1

992 또 내가 보매 거룩한 성 새 예루살렘이 하나님께로부터 하늘에서 내려오니 그 준비한 것이 신부가 남편을 위하여 단장한 것 같더라 _계 21:2

993 내가 들으니 보좌에서 큰 음성이 나서 이르되 보라 하나님의 장막이 사람들과 함께 있으매 하나님이 그들과 함께 계시리니 그들은 하나님의 백성이 되고 하나님은 친히 그들과 함께 계셔서 _계 21:3

994 모든 눈물을 그 눈에서 닦아주시니 다시는 사망이 없고 애통하는 것이나 곡하는 것이나 아픈 것이 다시 있지 아니하리니 처음 것들이 다 지나갔음이러라 _계 21:4

990 The armies of heaven were following him, riding on white horses and dressed in fine linen, white and clean. _Rev 19:14

991 Then I saw "a new heaven and a new earth," for the first heaven and the first earth had passed away, and there was no longer any sea. _Rev 21:1

992 I saw the Holy City, the new Jerusalem, coming down out of heaven from God, prepared as a bride beautifully dressed for her husband. _Rev 21:2

993 And I heard a loud voice from the throne saying, "Look! God's dwelling place is now among the people, and he will dwell with them. They will be his people, and God himself will be with them and be their God." _Rev 21:3

994 'He will wipe every tear from their eyes. There will be no more death' or mourning or crying or pain, for the old order of things has passed away. _Rev 21:4

995 보좌에 앉으신 이가 이르시되 보라 내가 만물을 새롭게 하노라 하시고 또 이르시되 이 말은 신실하고 참되니 기록하라 하시고 _계 21:5

996 이기는 자는 이것들을 상속으로 받으리라 나는 그의 하나님이 되고 그는 내 아들이 되리라 _계 21:7

997 그러나 두려워하는 자들과 믿지 아니하는 자들과 흉악한 자들과 살인자들과 음행하는 자들과 점술가들과 우상숭배자들과 거짓말하는 모든 자들은 불과 유황으로 타는 못에 던져지리니 이것이 둘째 사망이라 _계 21:8

998 무엇이든지 속된 것이나 가증한 일 또는 거짓말하는 자는 결코 그리로 들어가지 못하되 오직 어린 양의 생명책에 기록된 자들만 들어가리라 _계 21:27

999 보라 내가 속히 오리니 이 두루마리의 예언의 말씀을 지키는 자는 복이 있으리라 하더라 _계 22:7

995 He who was seated on the throne said, "I am making everything new!" Then he said, "Write this down, for these words are trustworthy and true."
_Rev 21:5

996 Those who are victorious will inherit all this, and I will be their God and they will be my children.
_Rev 21:7

997 But the cowardly, the unbelieving, the vile, the murderers, the sexually immoral, those who practice magic arts, the idolaters and all liars—they will be consigned to the fiery lake of burning sulfur. This is the second death. _Rev 21:8

998 Nothing impure will ever enter it, nor will anyone who does what is shameful or deceitful, but only those whose names are written in the Lamb's book of life. _Rev 21:27

999 Look, I am coming soon! Blessed is the one who keeps the words of the prophecy written in this scroll.
_Rev 22:7

1000 이것들을 증언하신 이가 이르시되 내가 진실로 속히 오리라 하시거늘 아멘 주 예수여 오시옵소서 _계 22:20

1000 He who testifies to these things says, "Yes, I am coming soon." Amen. Come, Lord Jesus. _Rev 22:20

He who testifies to these things says, "Yes, I am coming soon." Amen. Come, Lord Jesus. [printed upside-down at top]

MEMO

....

....

....

....

....

....

....

....

....

....

....

MEMO

MEMO

MEMO

MEMO

MEMO

MEMO

MEMO

....

....

....

....

....

....

....

....

....

....

....

....

창세기부터 요한계시록까지

핵심성구 1000

1판 1쇄 발행	2023년 9월 20일
1판 2쇄 발행	2024년 10월 30일

엮은이	편집부

펴낸이	곽성종
펴낸곳	(주)아가페출판사
등 록	제21-754호(1995. 4. 12)
주 소	(08806) 서울시 관악구 남부순환로 2082-33
전 화	584-4835(본사) 522-5148(편집부)
팩 스	586-3078(본사) 586-3088(편집부)
홈페이지	www.agape25.com
판 권	ⓒ(주)아가페출판사 2023
ISBN	978-89-537-9673-7 (02230) (라벤더)

아가페 출판사